奇蹟課程誕生

Journey Without Distance

羅勃‧史考屈（Robert Skutch）◎著

王詩萌　若水◎合譯

謹代表從《奇蹟課程》獲益的學員，
將此書敬獻給海倫、比爾、肯恩、茱麗。

邁向上主的旅程不過是再次覺醒於你的本來境界以
及你的永恆真相而已。那是當下即至的旅程，目標
永遠不變。

橋樑是由你想要與上主合一的願心打造出來的，
也是由祂與你合一的喜悅中創造出來的。
祂領你通過的這座橋樑，
會將你由時空領域提升到永恆之境，
把你保送到上主的心坎裡。
只要我們心裡懷有上主之愛，
就沒有掀不掉的紗幔。
與我一同上路吧！
（T-16.IV.12:2, 13:4, 13:7, 13:9, 13:11）

序　言

　　幾年前，我曾經對一位採訪記者脫口而出，說道：
「《奇蹟課程》很可能是《聖經》譯著以來，英語世界最重
要的一部著作。」當時我還闡述了理由：「《奇蹟課程》跟
〈新約〉同樣是探討人心和靈性層面可資印證的眞理，但
《課程》的論述有點咄咄逼人的味道，因它談得更爲具體，
不容五花八門的任意詮釋，而且它的操練方法巧妙地幫人避
開了自我探索時極易陷入的抵制心態。」誰知，這些隨口之
言竟然見諸報端。如今看來，我置評的時候雖未經深思，但
所說的話卻已然表達出箇中眞義了。

　　接觸《奇蹟課程》以前，我已經在心靈路上探索了二十
五年。我早年受過物理學和電機工程學的專業訓練，也崇尚
科學，所以我對所涉獵的宗教法門始終疑信參半，還自以爲
那種科學的懷疑精神挺健康的。1954年，我三十六歲，上過
一個爲期兩週的研習班之後，往昔所學所知的種種學理和觀
點徹底被顛覆了，從此，我踏上了心靈探索之旅。將近耳順

之年，我已經接觸過禪宗、蘇菲教派、吠檀多派，後來又進入基督教神秘派。那些年的體驗可眞讓我眼界大開，因爲我舊有的思維邏輯裡從來沒容過半點這類的靈性觀念。然而，那些體驗感覺挺實在的，那些靈性觀念也頗有幾分眞理的況味，但在隱隱約約間，我總覺得當中好似缺了什麼，同時，我也開始質問自己，倘若那些體驗眞有我以爲的效用，哲理也都所言不虛，那麼，我的生活應該會起更大的變化才對。

　　那時，我已不做統計通信理論和系統分析，轉行去了史丹佛研究所，帶領小團隊研究社會變遷及未來規畫。做了大約十年的未來學研究以後，我還出了本小書，名爲《未來漫遊不完全指南》（*An Incomplete Guide to the Future*），只可惜珠沉滄海，乏人問津。在那期間，我已深深意識到，美國及所有工業化國家正邁向一個重大的歷史轉型期，那種變革已經衝擊到了最根本的層次，也就是人們對於生命和現實本質的共識，而整個人類社會結構無疑都是仰賴這一共識來維繫的。據我所知，半個世紀以前，因實證科學突飛猛進，導致宗教與靈修逐漸式微。然而風水輪流轉，到1977年，舉凡意識、潛意識、直覺、創造力等等，諸多難解之謎卻一一成了顯學。我看準了這股發展趨勢，便加入了「念力科學研究所」（Institute of Noetic Sciences）的董事會。這個研究所是阿波羅十四號的宇航員艾德加‧米切爾（Edgar Mitchell）創立的。我倆人生經歷截然不同，卻殊途而同歸於此。我在董

事會還遇到一位同僚，便是茱麗‧史考屈（Judith Skutch）。

　　我和茱麗是在飯店等桌位時初次見面的。為了跟她搭訕，我挺老套地問道：「你從事什麼工作？」她說：「奇蹟課程。」見我瞠目結舌的樣子，她不禁莞爾一笑。接下來的兩個小時，她為我講述了《奇蹟課程》的來龍去脈──正是今天這本書所要述說的內容。我聽得入迷，迫不及待地買來《奇蹟課程》那三大本書。

　　我讀了一陣子之後，當真領教到人類探索深層自我時那種愛恨交織的矛盾心態。《課程》的第二部〈學員練習手冊〉，以每日一課的方式來鞏固《課程》的信念體系，看似簡單，實則莫測高深；我當時並沒意識到這種逐日的練習具有潛移默化的驚人力道。相形之下，第一部的〈正文〉就顯得晦澀難懂多了，若非憑著強大的毅力，我根本讀不下去。直到六個月以後我方始驚覺，原來自己天天翻讀〈正文〉，卻一次都不曾看完過一整頁，每次要麼昏昏欲睡，要麼心猿意馬，不然便是突然想起有事待辦，起身忙去了。我的心靈玩盡花招，就是不讓我讀進去〈正文〉，而之前我還以為自己多渴望讀透它呢！

　　慢慢地，我的決心終於戰勝了下意識的抗拒。然而，這個成果不是一蹴而就的。直到有一天，當我又落入過去老是勾起恐懼與敵意的狀況，卻發現自己居然不為所動，顯示我

心內已經不知不覺發生了很深的變化。我同時開始倚重深層的直覺，比較信賴內在無所不知也無所不寬恕的那部分我，這也要歸功於我潛意識中悄然成形的變化。我注意到，長年以來沉沉籠罩的壓力和痛苦不見了，生活有了前所未有的活力，而且頗有「得來全不費功夫」之感，這是我早年連想都不敢想的！以前，我都是倚仗小我的謀畫分析能力來追逐虛妄的安全感，如今則靠心靈深處的「內在聖師」為我指點迷津、清除障礙，連表層的小我也自然而然為聖靈所用。《奇蹟課程》所教的方法如此輕而易舉就轉化了我的心靈，真令我歎服！也許，你會認為我過於輕描淡寫，但我確實深深體會到，人生所有的問題全都虛妄無比。真正的問題只有一個，就是拒絕認清眼前事物的真相，說得更準確一點，就是不願從全面去觀照萬物本來的真相。

　　如今，《奇蹟課程》已經影響了數以萬計的人。我深感榮幸，有緣認識海倫·舒曼、威廉·賽佛以及這場戲其他的重頭人物。我並非跟他們個個都有深交，但那些來往已足以讓我感受到其間的奧妙了，其中不只是《課程》本身的神奇效用，還包含了這部書的「作者」和它如何來到人間的傳奇故事。有那麼一幕景象，始終鮮活地印在我心頭，那便是有一次和海倫深談《課程》的經歷。眾所周知，海倫對這部書一直愛恨交織，無論如何也沒法把書中的智慧運用在自己的生活上。可是那次談話中，她好似突然變了個人——不是外

表，而是整個人的神情。在那一兩分鐘裡，「另一個」海倫竟把《課程》原文幾句話的真義講得道道地地、明明白白，那份智慧與權威聽得人目瞪口呆。然而轉眼間，她好像按了內在另一個按鈕似的，又切換回了原本的海倫。

這個難以言喻的海倫啊，基本沒怎麼活出《課程》的宗旨——心靈的平安。她成天挑毛揀刺，活得比一般人還痛苦。有一次我問她，你接收的這套訊息如此殊勝，已經帶給不少人智慧與平安，何以對你卻無效？她的回答讓我永生難忘。「比爾〔譯註一〕，我當然知道《課程》說的都是真的，」她停頓了一下說：「但我就是不願相信它。」

《奇蹟課程》傳播得很快，甚至傳到國外去了，我深感有必要為未來的讀者留下一份有關此書緣起的正確史料，免得以訛傳訛，愈渲染愈離奇，把海倫塑造成供人膜拜的女神。因此，我極力主張，趁記憶猶新，趕緊編一套準確的史料，而且最好找一位與此事關係不親也不疏的人來操刀。在我看來，鮑勃・史考屈（Bob Skutch）〔譯註二〕就是不二人選，他至少親身參與了後半部的傳奇故事，且與所有人物來往密切，不但在資料的搜集與查證上都是「近水樓台」，再配上他專業寫作的經驗，想必他講出來的故事不會失真。果

〔譯註一〕「比爾」為序言作者 Willis W. Harman 的暱稱。
〔譯註二〕「鮑勃・史考屈」即是本書作者「羅勃・史考屈」。「鮑勃」為「羅勃」的暱稱。

然，我一提此事，他就答應了。雖然他未必常常感念我促成此事的功勞，但總算夠君子風度，還記得請我來作序。

感謝他給我這個機會。我相信，終有一天，人們會爭相傳頌《奇蹟課程》以及它引人入勝的起源故事。

加州大學董事　威利斯・W・哈門博士
1983年11月　加州史丹佛大學

第一章

　　《奇蹟課程》的打字稿是1973年完成的，但若要了解這部書的來歷和緣起，還得再追溯到1960年代中期，認識一下兩位心理學博士：一位是威廉・賽佛（William N. Thetford），時年四十二歲，擔任紐約市哥倫比亞大學內外科醫學院醫學心理學教授，以及長老會醫院心理系主任；另一位也在長老會醫院任職，名叫海倫・舒曼（Helen Schucman），時年五十六歲。這兩個人在背景及氣質上絕非「迎請」《奇蹟課程》的最佳人選，然而，居然就是他們兩個，聯手促成了《奇蹟課程》的誕生。

　　1965年6月的一天，比爾・賽佛〔譯註〕剛剛開完部門主管會議，回到辦公室，頹坐桌後。三個月來，教職員始終對一個行政問題不滿，這次會議就是為了討論出折衷的解決辦法。起初，與會人員尚能輕聲細語，但是意見一有衝突，就

〔譯註〕「比爾・賽佛」即是「威廉・賽佛」。「比爾」為「威廉」的小名。

開始唇槍舌戰，忙著捍衛一己利益，神經末梢一個比一個敏感，聲勢也一個蓋過一個。原本意在建立共識的會議，卻淪為互相攻擊的戰場。

會議開成這個樣子，賽佛博士早已見怪不怪了，自從他擔任系主任以來，始終忙於應付這幫同事。他們彷彿把管理階層的教授，甚至自己部門的同事都視作天敵似的，為了維護自己的特殊利益，整日吵個不休。

但是，那天下午會議的爭吵比往常更令比爾不堪負荷。這次爭吵的導火線是什麼，他都懶得去追究了，只納悶當初，他，一個根本不想跟大學扯上瓜葛的人，怎麼會陰錯陽差接下這份工作？他到底是如何走到今天這一步的？

* * * * * * * * *

比爾·賽佛生於芝加哥，是家裡三個孩子中的老么。另外兩個孩子，一個是哥哥，在幼兒期就夭折了；另一個是姐姐，大他兩歲。比爾的父親則在伊利諾州的貝爾電話公司上班，負責監督工程處。

他們一家人住在南部的中產階級社區。比爾的母親常去基督科學教會（Christian Science）做禮拜。比爾的父親雖然難得去做禮拜，但是人家問起時，他也自稱「科學會教

徒」。比爾偶爾也去教會，然而家裡發生那次不幸以後，他的教會活動便中斷了。

那年比爾七歲，他九歲的姐姐感染了鏈球菌，家裡把醫生和基督科學教會的信仰療法專家都請了過去，可惜不到兩週他姐姐還是病逝了。

比爾的父母痛心疾首，每天晚上寧可待在家裡，拒不參加任何鄰里和朋友的聚會，並且放棄了宗教信仰，終生沒再踏進科學教會半步。

二老的傷痛還沒緩過來，比爾卻染上了嚴重的猩紅熱，身虛體弱之餘，復添了風濕熱。他跟病魔抗爭的時候，竟又查出心肌梗塞，醫生都認為比爾挺不過去了。

然而，比爾在加護病房接受幾個月的看護調理之後，居然情況好轉，脫離了險境。但在接著的兩年他都下不了床。趁此機會，他如饑似渴地大量閱讀，狄更斯、大仲馬、馬克·吐溫，無所不讀，其餘時間就跟著母親學算術。

他就這樣輟學了三年，才得以回校復學。病倒的時候他尚在二年級，返校則直接進了四年級。

兩年後，他跳級到八年級。其後就讀高中，並以優異的成績畢業，進入印第安納州的迪堡大學。大二那年選主修課程，比爾莫名其妙地選了心理學。要知道，他連心理學家從

事哪些工作都不清楚，更不確定要不要加入這一行。但既然
已經選了心理學，他就又申請了醫學預科課程，因為他總算
親眼見識過醫生的工作。最後一學年，他申請了芝加哥大學
醫學院，並獲准秋季入學。

由於比爾兒時有過嚴重的病史，他的兵役緩延，故得以
於1944年2月從迪堡大學畢業。他始終猶豫不決自己要入哪
一行，但當務之急顯然是必須找份工作來維持生計，怎麼也
得挺到秋季醫學院開學才行。

（比爾）

我想，既然進了醫學院，索性就地取材，直接在大學找
工作，便前往就業辦公室打聽行情，誰知他們竟介紹我去冶
金實驗室。我完全不曉得自己可能接手什麼工作，也不知能
否勝任。到了面試的時候我才了解，冶金實驗室竟然屬於學
校某項機密研究的實驗中心。

當時美國正陷於第二次世界大戰，國內勞動力奇缺，像
我這樣缺乏經驗和資歷的人，都成了職場的搶手之人，常被
委以超乎資歷的重任。拿我來說，我工作沒多久就晉升為正
式的管理階層，負責監管作為重點實驗區的大樓，包括生物
科學實驗室、足球場西邊的看台區，以及葛蘭·西伯格博士
（Dr. Glenn Seaborg）進行原創性研究所用的化學館，他的

研究還為他贏得了諾貝爾獎。後來我才知道，這些實驗都屬
於核彈研究的部分。我的一項專職就是管理這類特殊工種，
他們整日出入於各類放射環境，設法消除其中的輻射污染。
那時，我從早到晚都得佩戴蓋式輻射劑量儀。現在回想起
來，當年所有研究活動竟然都是在足球場地下進行的，這種
做法真是匪夷所思。哈欽斯校長宣稱足球比賽耽誤學生學習
先賢思想、閱讀經典，因此廢止了校際足球比賽，其實他是
為了把足球場空出來做核彈實驗。世人大概難以想像，1942
年11月歷史上的首次原子能鏈式反應，居然就是在這個足球
場進行的。恩里科·費米博士（Dr. Enrico Fermi）主導了這
次實驗，他不僅發現了啟動鏈式反應的方法，更重要的，他
也研發出中止的方法，正因如此，政府才敢繼續投入研發，
也正因如此，我們至今依舊飽受恐怖核彈的威脅。

　　但在當時，我們的部門愛國情緒高漲到了極點，人人自
覺國難當頭，一切理當以國家的研究為重。只因科學界普遍
相信，納粹在核能領域已經佔盡先機，美國已至生死存亡的
關頭，假若不能搶先開發核能，西方文明很可能毀於一旦。

　　在這期間，我就讀醫學院的想法愈發動搖。1944年秋
天，我終於認定，手頭的研究實在比學醫來得更急迫而且更
重要，便通知醫學院放棄秋季班的課程。從此，我堅守崗
位，繼續核能研究。

1945年8月，第一枚原子彈投在日本廣島。誰都沒料到，我們的研究竟會導致如此可怕的後果，我打心底感到自己再不能參與這類研究了，在道義上它已經遠遠偏離了我的初衷。當月我就辭了職。

幾週以後，卡爾·羅傑斯博士（Dr. Carl Rogers）來學校授課。他那時已是心理學界赫赫有名的人物，而我卻對他一無所知。若非幾個我認識的研究生推薦我上他的課，我可能都不會報名上他第一次開的「諮客中心療法」課程（Client Centered Psychology）。他的成就早已家喻戶曉，所以第一次開課，就有一百多位研究生報名。

至今我也沒弄明白羅傑斯何以認定我實力超群，又那麼器重我，不僅任命我為課程講師，而且一個學季未過，便邀我在他新設立的諮商中心擔任研究助理。這是何等的殊榮與機遇，然而我當時不明就裡，一再表白自己的資質恐怕難以勝任，但他根本不以為意。不久以後，我竟然發現自己不只參與研究「諮客中心療法」，還親自運用這一療法。更為諷刺的是，羅傑斯的這些專業理論全部以「無條件積極關懷」理論為基礎；而我剛從那場毀滅性的研究計畫抽身，回頭就加入一個以完美之愛為基礎的專業領域，實在令人啞然失笑。

我一直有意評估「羅傑斯療法」對自主神經系統及其機能的影響，所以寫博士論文時，我進行了一項類似「機能反

饋療法」的實驗。我假定，羅傑斯療法倘若真能幫助案主，案主應該能更迅速地從實驗誘導的壓力中恢復過來。因此，我安排了兩組人馬，一組是正在接受諮商的實驗組，而另一組則是尚未接受醫療中心之諮商的對照組。結果，數據表明，實驗組和對照組從「誘導壓力」中恢復的速度確實有明顯的差異。羅傑斯對這次實驗讚賞有加。其實，這次實驗能有重大發現，連我自己都很訝異。

1949年3月，我居然還拿到了博士學位。但是，我仍摸不清心理學界到底是怎麼個狀況，總覺得有問題，卻又說不上來問題出在哪兒。我在研究期間見過許多學界名人，他們在各自的研究領域全都堪稱泰斗，然而似乎沒有一個人清楚究竟該如何整合這些專業知識。

於是乎，我取得博士學位後，依舊感到一無所長，不知道拿這一紙文憑何用。還好有位朋友鼓勵我申請芝加哥邁克爾·李斯醫院（Michael Reese Hospital）的一個職位，那裡的塞繆爾·貝克醫生（Dr. Samuel J. Beck）正在主持「精神分裂患者的性格特點」和「羅夏墨跡測試」這兩項研究，急需人手。貝克醫生是國內羅夏測試的權威，其著作可謂開風氣之先。

我有千百種具體的理由不去申請這個職位。一來，我從未上過羅夏測試的課程，對羅夏測試一無所知。二來，我沒

有精神科的工作經驗，況且這家醫院的精神科主打的還是精神分析療法，與羅傑斯療法以及我個人的學術觀點可謂徹底相悖。不過，我還是去申請了。而貝克醫生面試我的時候，竟然為我缺乏相關資歷一事而高興不已。首先，他認為，我既然不懂羅夏測試，反倒不會受到相關理論的污染，因而喜出望外。再者，我的博士論文屬於生理心理學領域，連題目都閃爍著科學的光環，令他眼前一亮、印象尤深。其實，我的論文徒有其表，只是因為他不懂生理心理學，才以為它有著如何高階意味的科學份量，因而認定我是最佳人選。自此，我在邁克爾‧李斯醫院的精神科工作了兩年半，發表了諸多研究論文，其中一些還是和貝克醫生聯名發表的。

在研究所期間，以及在邁克爾‧李斯醫院之後，有一件事我非常肯定，就是我無論如何也不想當大學教授。我曾暗下誓言，舉凡教授之職，我不惜任何代價也要推辭，實際上我已拒絕了好幾所大學的約聘。不想當教授，主要是因為我覺得自己無可教也無可授，何必站在講台上自曝其短呢！何況，我感到自己對大學的環境始終興致缺缺。

當研究計畫告一段落，我決心離開醫院，報考華盛頓精神病學院，因為那裡既可使我學到東西，也利於我的前途。華盛頓精神病學院注重人際關係，而非佛洛依德的心理動力學派，這點很吸引我。我雖然也欣賞佛洛依德及其追隨者的許多洞見，但某些精神分析的觀點我始終不敢苟同。

　　華盛頓學院的研究計畫完成後，我又不知何去何從了，心想既然自己對紐約市嚮往已久，何不到那邊求職呢。紐約州立就業中心的心理專業介紹所所長說，他手頭有份工作絕對是為我量身打造的，叫我別再另作考慮了。他推薦的職位是康涅狄格州哈特福德市的安生機構（Institute of Living）的心理系主任。我通過了那裡的面試後就上任了。

　　一年以後，有一天，我接到哈羅德‧沃爾夫醫生（Dr. Harold G. Wolff）的來電。他是身心醫學的創始人之一，壓力障礙的權威，時任紐約市康乃爾大學醫學院神經病學系主任，正負責人類生態學的研究，有意聘我作一項研究計畫的首席心理學家。當時，我對教職的抗拒逐漸緩和下來，所以考慮接受學院職務。沒過多久，我接受了沃爾夫醫生的約聘，不知不覺就走上了講台，一年後正式升為助理教授。

　　1957年秋天，我參加了心理學年會。休息期間，一位老友找到我，寒暄過後，問我是否對哥倫比亞大學內外科醫學院有興趣，負責臨床心理學博士的培訓。他說那個職位十分棘手，對於補缺人選，遴選委員會遲遲不能達成共識，雖已考核過很多人選，但總有一兩位委員予以否決，因此空缺至今尚在。他說，委員會的人都跟我不熟，故亦無從挑剔，所以我應該就是不二人選沒錯了。

　　我告訴那位友人，我現在的工作很有意思，氛圍也和睦，所以不打算離開康乃爾。然而，他懇請我至少跟哥大精

神病學系主任聯繫一下，別這麼輕易放過難得的機會。

　　於是我會見了系主任以及遴選委員會的其他成員。談話間，我發現他們給的這份工作任務實在太重了，便放言道：「這個位子，責任重大，不是一個助理教授撐得起來的，除非你們升我作副教授。」我之所以獅子大開口，是因為我曉得在醫學院的體系裡升遷一向極慢，只當過一兩年講師的人，絕無可能這麼快就升遷。

　　誰知，兩個月過後，精神病學系主任來信，說他總算說服了院長辦公室那一夥人，為我爭取到了這一職位。人家肯這麼為我奔走，出於道義，說什麼我也不該推卻了。於是我於1958年2月前往哥倫比亞大學，擔任起內外科醫學院精神病學系醫學心理學副教授。

＊＊＊＊＊＊＊＊＊

　　新官上任三把火，比爾・賽佛對自己的新職位熱忱滿滿、幹勁十足，自認可以為他負責的臨床博士培訓計畫引入各種革新理念，一心期待在往後的數月乃至數年內做出一番成績。

　　然而才不過幾天的光景，比爾便發覺這份工作其實比他預想的要吃重多了。遴選委員會成員曾多次與他會談，沒有

一次跟他預警這份工作的性質和繁重的程度。起初，他還以
為自己的職責無非就是培訓臨床博士而已，如今卻發現，自
己接受的所謂「名義上」的職位，也就是長老會醫院心理學
系主任之職，絕非他們說的那麼輕鬆！因為長老會醫院乃是
整個醫療中心的骨幹。比爾甫一上任就體會到了，一大堆的
沉痾舊疾正等著他這個「名義上」的系主任來解決呢。

　　比爾還沒來得及釐清手頭事務的輕重緩急，院長又通知
他，國家神經病學研究所剛剛撥款給哥大，邀請他們參與
「嬰幼兒神經系統和感知障礙」的研究計畫。合作計畫規
定，院方須聘用一位資深心理研究學者，這位專家必須接受
過嬰幼兒測驗的專業訓練，懂得相關的技巧。由於院長指示
即刻啟動這一計畫，火速找到合格心理學家的任務便落到了
比爾頭上。

　　神經病學並不是比爾的專業，還好他有位同事是該領域
的權威，就在隔壁醫院工作。比爾於是約他見面，告知詳
情，請他幫忙推薦合適人選。對方竟然胸有成竹，並且保證
他推薦的人會直接與比爾聯繫。

　　在這個問題層出不窮的多事之秋，總算搞定了一件事，
比爾欣慰不已。他相信朋友一定能不負所託，找到合適人選
坐鎮其上。於是，他開始制定方案、設計流程，以確保此項
研究計畫順利開展。

　　大約兩週之後，比爾辦公室的電話響了。來電的女士確定接聽電話之人是賽佛博士以後，說道：「我是海倫・舒曼博士，有人讓我打電話告訴你，我就是你要找的人。」這就是日後攜手完成靈修寶典《奇蹟課程》的二人——海倫與比爾的初次聯繫。

　　比爾約海倫第二天上午在醫療中心面試。到了十點，一位短小精幹、年近五十的女士被人領進辦公室，便是海倫了。只見她一米五出頭，穿著得體，身穿老式裙裝配襯衫，一頭短髮捲曲而混有金絲，梳得整整齊齊；她挺著稜角分明的鼻子，整個人顯得精明無比，言談也直截了當。看到這些正面的特質，比爾立生好感，覺得她上任後必能為自己的工作幫上大忙。

　　不出幾分鐘，比爾便認定海倫確實是不二人選。她的專業訓練簡直是為眼前的工作量身打造的，而且她才思敏捷，比爾尤其滿意。但是，整個研究計畫八字還沒一撇。不論對海倫還是別人，比爾都無法給出具體的許諾，例如：能用哪些設備，在哪裡辦公，薪酬多少，什麼職位，沒有一個說得清的，連研究計畫本身比爾都無法對海倫詳細說明。儘管比爾像個蹩腳的推銷員，海倫居然接受了這一職位，並同意下週一就來正式上班。

第二章

　　海倫‧舒曼原姓科恩，生於1909年7月14日，長於紐約市。紐約本是物阜民豐之地，而海倫的父親又是事業有成的化學家，因此海倫的家境相當優渥，即便是在1930年代初的大蕭條時期，家中條件也遠勝尋常人家。她家有十間屋子，並且聘請了女傭來照顧起居，廚子來負責飲食，還有專門的保姆把海倫一直帶到六歲。

　　海倫和她的保姆住在公寓的一側，共用一間臥室、客廳、衛浴設備。家裡其他人，包括海倫的父母和哥哥，則住在公寓另一側。哥哥比她大十四歲，所以兩人基本沒有共同語言。

　　家裡人各有各的生活，所以海倫只好和保姆作伴，入學前及入學後的課餘時間多半如此。保姆來自英格蘭，已至中年，海倫對她的了解僅限於知道她叫「理查森小姐」。兩人雖然相處得不錯，卻談不上親密，海倫最喜歡理查森小姐的

一點，也不過是她的英倫口音而已。

　　每天晚上，保姆哄海倫上床睡覺以後，當天的工作就算告一段落。在這之後，她原本可以自由外出的，不過多數時候她仍待在起居室直到就寢。倘若逢上理查森小姐晚間外出，海倫便會睜著眼睛，直到理查森小姐回來。這不只是她害怕落單的緣故，還因為她對理查森小姐每晚例行的祈禱儀式特別感興趣。

（海倫）

　　理查森小姐就寢以前，總會跪在地上喃喃自語好一陣子，自從我有了記憶便見她如此了。雖然老想問她究竟在做什麼，但過了好多年才提起勇氣發問。她說，自己是天主教徒，每晚睡前所做的乃是拿著念珠唸《玫瑰經》。我問她念珠是什麼，她就拿出自己那串給我看。是藍色珠子串成的，很漂亮。我見了動心不已，也想要一串，料想那念珠應該不僅戴著好看，說不定還具有魔力呢。我問理查森小姐自己能不能也有一串，但她說只有天主教徒才能持念珠。我想讓母親給我買一串，誰知，理查森小姐卻叫我別和第三者提起這件事，只當它是我倆的秘密。我答應她，絕口不提此事。

　　我和理查森小姐還有一個秘密，這個秘密涉及我們禮拜日上午的去處。平常我倆都會去公園，但每到週日，我倆會

繞到城市的另一端，免得碰到熟人，然後再前往真正的目的
地。那是我當時所看過最美的建築了，理查森小姐告訴我，
這就是天主教教堂。可惜，我並非天主教徒，不准入內。我
答應絕不亂跑，守在外廳，等候理查森小姐出來。但我可也
從不閒著，不時透過高大彈簧門的縫隙向內窺視，看看教堂
裡的鮮花、蠟燭、雕像，時而聽聽裡面傳出的音樂，還有那
些不知所云的講話聲。有一次，我偷溜到教堂旁邊的小廳，
裡面立了一座雕像，是位頭頂光環的慈祥女士，雕像前有一
小片草地，上面綴著鮮花和蠟燭。在這小廳裡，人人都有理
查森小姐那樣的念珠，故我決心長大後也要成為天主教徒，
如此便可名正言順地加入他們的活動了。

　　平時，理查森小姐會帶我去公園玩耍。在那兒，我們總
會碰到她的一個朋友。那位女士也給人作保姆，且照顧的是
和我年紀相仿的女孩。她們兩個在長椅上促膝長談的時候，
我就和那個小女孩一起玩。我發現，女孩竟然是天主教徒，
而且也有串念珠。我告訴她，我既沒有「玫瑰經念珠」，也
不知道拿它做什麼。她聽完可驚訝了，很神氣地給我解釋，
唸《玫瑰經》是為了向天主之母瑪利亞祈禱。我又問天主
是誰。她見我這般無知，驚愕不已。我當時對天主確實一無
所知。她說，天主乃是我們有求必應的天父。奇怪了，我心
想，這麼好的事怎麼從沒人跟我講過。

　　我忙問天主在哪兒，自己正有好些願望不知求誰才好

呢。她説，閉上眼睛便可見到天主了。然而，我閉上眼睛，卻一無所見。小女孩説我壓根兒不是天主教徒，看不到也沒什麼奇怪的，但是不妨試試聖母瑪利亞，她非常仁慈，願意聆聽所有人的祈禱。小女孩形容聖母身著藍裙，頭披白紗，我一聽當即想到理查森小姐教堂裡那座美麗的雕像，於是再次閉眼嘗試。這回好了一些，好像瞥見了白色的頭紗。女孩説，初試能做到這種程度就不錯了，不過以後還要繼續努力祈禱。「不然的話，」她説，「你就會下地獄，生生世世永受地獄之火的煎熬。」

我當時因為看見了頭紗，光顧著得意，沒在意她最後那句話，直到晚間上床後才開始害怕，嚇得直叫。理查森小姐趕忙過來問我怎麼了，我説怕自己若不成為天主教徒並且擁有一串念珠，死後就會下地獄永受烈火煎熬。理查森小姐很憂心，卻又不知如何為我解説，只好叫我請教我父母信教的事，她説孩子們往往都跟父母信同樣的宗教，所以這類問題最好找他們去問。她補充説，有她為我祈禱，我無需擔心下地獄的。我因此再三感謝她，並且請她千萬別忘了為我祈禱。然後，我決定馬上去問父母我該信什麼教。

我躡手躡腳地走過長長的走廊，來到客廳，看見父親正獨坐閱報。我在門口觀望了一會兒，才鼓起勇氣走了進去。父親抬起頭來，一臉訝異。

「怎麼了？」他問道，「理查森小姐不在嗎？」我説

在，他說：「哦。嗯，你母親不在，一時半會兒是回不來了。」說完，繼續讀報，以為談話到此結束了。然而我在一旁磨磨蹭蹭，不肯離去。我和父親不很親近，不知從何問起，但我決心問個明白，於是起了話頭。

「父親，你是什麼？」我問道。

「我沒明白你的意思，」他滿臉茫然，「你是想問我是什麼職業嗎？」

我回說大概吧。他說自己是化學家。我又請他解釋一下，卻仍聽不懂他在說什麼，但我清楚這絕非我要的答案，便直接問他信不信神、信不信教。他說不信，並且對宗教也興致缺缺。我問他，那是不是意味著我也沒有宗教信仰。他說這得看各人的選擇。我接著又問母親是怎麼選的，他說他也不知道母親現在正信仰哪個宗教。看得出，父親的確對宗教不感興趣，但我還是不肯罷休。父親終於看出我確有心事，便放下報紙，叫我坐下來。接下來的談話，可說是我們父女此生唯一真正的談話了。

首先，我告訴他，為了不下地獄，我打算信天主教。父親回說，他不信有地獄這一回事，認為我也無需為此擔心，因為信教不代表必須相信地獄的存在。聽他這麼說，我鬆了好大一口氣。他又說自己兒時曾經跟著父親皈依了猶太教，他母親雖然不信，但也不反對他入教。我滿懷希望地問他，

既然他是猶太教徒，是不是我也跟著是了？他卻叫我自己去
仔細考慮這件事。我又問他是否記得猶太教的禱詞。他想
了好幾分鐘，背出了一篇他兒時學過的禱詞，我聽後大為感
動。猶記得開頭是「以色列的真神」。但他後面說的我全不
記得了。

　　接下來，我請他再跟我講講母親的宗教信仰。他只說母
親的信仰變來變去，他跟不上母親的步子，所以早就不費那
個腦筋了。我問他，母親會不會有一天也皈依猶太教。父親
聽完笑了，我從未聽他笑得那麼大聲過。他說不太可能，隨
後又看起了報紙。

　　我回到自己住的那一側，告訴理查森小姐，我跟父親談
過了，終於弄清，原來自己是猶太教徒。理查森小姐聽了，
一言不發。那晚，她唸誦《玫瑰經》的時候，我則一遍遍唸
著「以色列的真神」。能成為猶太教徒，我太高興了，其實
我很早就覺得自己缺了什麼，如今既然成了猶太教徒，所有
的問題都會迎刃而解。然而我始終沒有跟母親提起我信猶太
教的事，怕她對此會有意見。

　　一年之後，理查森小姐離開了我家。由於我入學已近一
年，母親認為用不著再僱用專職保姆。上午她可以親自照看
我，下午再請人來接我放學、帶我去公園就夠了，留宿陪我
也不必了。

　　理查森小姐不在身邊，我一到晚上就感到孤單，即使躺在黑暗中唸誦我的專用禱詞也無濟於事。我心想，或許把禱詞完整背出來，效果會更好一點，但我卻不好意思再求父親給我背一遍，怕他會怪我當初沒有好好記住，辜負了他所費的工夫。

　　有一次，以色列的神竟然不靈驗了，讓我大失所望！父母不在家的晚上，我不敢一個人睡，奇怪的是，我從沒想過找我哥哥去，卻想出一個法子把母親留住。一旦見到她要出門，我立即胃痛「發作」。第一次發作是真發作，而我當時馬上發覺了，只要一生病，母親就不會出門，可想而知，我從此就胃痛個沒完沒了。

　　唯一的麻煩是，母親老帶我去醫院，企圖找出「病因」。一個醫生診斷不出癥結，她就換第二個、第三個。只要能和她在一起，我不在乎老往診所跑。但是有一天，她帶我去看另一個大夫的時候，把小行李箱帶上了。我問她緣由，她說這回我們去看一個能治好我胃痛的醫生。我感到事有蹊蹺，但由於拿捏不準情況，也不好多說什麼。

　　我們到醫院辦了住院手續，母親說她會陪我留下過夜，讓我非常開心。

　　但等到第二天早上，母親和醫生為我說明了住院的原因，我才發覺大事不妙，大哭大叫地告訴他們我胃疼是裝

的，他們當然以為我這麼說只是因為擔心手術——以及我闌尾的下場。

推我去手術室的路上，兩個穿白衣的男士將我按壓在手術台上，到了手術室，已有三個白衣人在等候，其中兩個按著我，另一個往我臉上扣麻醉面罩。我一邊狂喊「以色列的真神」，一邊使勁憋氣。

當我醒過來時，已經身在病房了，而且感覺很難受。這一回，胃真的疼了好幾天。過了一陣子，我不僅好了起來，甚而開始享受這種日子了，因為非但母親在病榻前寸步不離，連父親都來探視我。和母親在一起的時候，我倆談天說地。出院前一晚，我向她問及宗教問題。母親說，打從兒時起便皈依過許多宗教，現在雖然信仰神智學派（Theosophist），但也仍在「追尋真道的過程中」。我很訝異，母親也曾經當過猶太教徒，我總以為她不怎麼喜歡猶太教徒。她說，她父親在英格蘭是一位拉比〔譯註〕，家世相當顯赫，幸好有些親戚不信猶太教，才給了她一些自由。

手術風波過後，我決定不作猶太教徒了，因為「以色列的真神」可能根本就不存在，父親八成就是因此才不再信奉祂的。此後，我再也沒有真心信仰過任何神明，雖然我試著

〔譯註〕拉比（Rabbi），意指「偉大的智者」，乃猶太教教會的精神領袖、儀式主持人，或教授猶太教教義的老師。

追尋過好長一段時間。

* * * * * * * * *

　　接下來的五六年裡，海倫不再關心或操心宗教問題，而把興趣轉移到她經常看見的靈異景象（mental pictures）。不論睜眼閉眼，這些景象彷彿都在眼前，但卻從未干擾過海倫的日常活動。它們好似始終都在她大腦幕後運作著，當她決定去看這一部分，畫面就會從大腦後台移至前台。至於畫面的內容，則無奇不有，比如遛狗的女人、雨中的林木、擺滿鞋子的櫥窗、插滿蠟燭的生日蛋糕。這些畫面都是靜態的黑白圖像，宛如一系列毫無關聯的「劇照」。有時，海倫所見之景象是她前所未見的，即便畫面有一部分與她過往所見有關，仍有許多細節是她全然陌生的。

　　其實，海倫打從有記憶以來便看得到這類靈異景象，她也因此以為人人都有同樣的經驗。直到十一歲那年，她問好友所看到的景象是什麼，見對方一頭霧水，方才察覺有異。起初，她還以為朋友是在捉弄她，直到問過其他同學，才了解看到畫面的能力屬於特別的稟賦。儘管很詫異，但海倫並不以此為怪，每當異象出現的時候，她反倒引以為樂。

　　到了海倫十二歲那年，她與神明及宗教那種剪不斷、理還亂的關係再次登上檯面。事情起於她父母帶她去歐洲過暑

假，一路上平淡無奇，直到旅程最後一站露德鎮〔譯註〕的時候，事情起了變化。

那裡的「聖母洞」使海倫深受觸動，尤其是洞中的聖母像以及因奇蹟痊癒之人所丟下的一堆枴杖和支架。

（海倫）

從我們住的酒店房間可以遙望到聖母像。我每晚都跑去看聖母像、聖像腳下的山石，以及從旁流出的聖水，據說就是這眼泉水治癒了許多病人。那裡棄置的枴杖和支架，以及成千上萬來此朝聖的信徒令我深思：「這麼多人，總不可能全都信錯了吧？」

驀地，我想起理查森小姐和她那串「玫瑰經念珠」。對了，在這裡買一串珠來唸可說是再應景不過了。

那天晚上，我回到酒店，見父親在屋內獨自看書，便走到他身旁，沉吟片刻，說我想買串念珠。他頭抬也不抬地從口袋裡摸出錢給我。我本想問他是否介意我買念珠，結果只謝了一聲便離開房間。

〔譯註〕露德鎮（Lourdes），位於法國庇里牛斯山山麓的小村莊，世界著名的天主教信徒朝聖地。1858 年，當地的一個少女宣稱曾多次見到聖母顯靈，並依聖母指示建造教堂、挖掘泉眼。

　　第二天上午，我求母親帶我去購買念珠，順帶還買了一塊小小的聖母聖牌，而且兩樣都請神父祝聖了。接著，我們在聖母洞中望彌撒，後面還有優美的宗教儀式。那天恰逢禮拜六，鮮花和聖樂遊行比往常還令人目不暇接，到處都能看到祈禱的人，那種景象真是美極了。我問母親是否做過天主教徒，她說沒有，不過我感到她已經動心了。

　　那一夜，我在房裡手持念珠，項上戴著聖母聖牌，久久不肯睡去，心裡想著神、理查森小姐，還有聖母。就在這時，我突發奇想：「在這麼棒的地方，為自己求個奇蹟豈不正好，如果靈驗，我就相信天主，皈依天主教。」於是我走上陽台，遙望聖母腳下的山石。

　　「天主，求求祢，」我大聲地說，「我不是天主教徒，但如果這一切都是真的，可不可以賜我一個奇蹟，好讓我對祢有信心？」

　　我心中早已預定了應該發生什麼樣的奇蹟。我會閉眼說三次「萬福瑪利亞」，倘若我睜眼時看到流星劃破長空，便是神給我顯靈了。我其實沒抱太大的希望，但還是閉眼說了三聲「萬福瑪利亞」；當我再次睜開眼時，只見天空滿是流星。我呆若木雞，喃喃自語道：「這是給我的奇蹟，天主真的顯靈了。看啊，快看啊，這是給我的奇蹟！」

　　我呆立原地，直到繁星褪去，夜空歸於黯淡，我忽然想

了起來，導遊不是說了嗎，最近正是當地出現流星雨的時節，見到流星是常有的事，根本不是什麼奇蹟，只因我之前沒見過流星，才大驚小怪的。但我又想，會不會是因為我求了，才趕上流星當空，這難道不算奇蹟嗎？應該算吧！但我怎麼也說服不了自己，心裡對整件事感到懷疑，甚至有些生氣了。

　　我暗暗想道，或許那些水啊、病癒啊、柺杖啊，和這次的流星雨一樣，都是人們信以為奇蹟罷了，所有的奇蹟可能都是這麼回事。我正要就此打住，忽然冒出一個想法，讓自己坐立難安。我已經跟天主承諾過了，只要睜開眼看到流星，就相信那是給我的奇蹟。天主如果真的存在，見我這麼不領情，恐怕不會高興。何況，祂花了心思為我顯靈，卻見我滿腹狐疑，一定不會輕易放過我的。而且如果天主存在，地獄也就可能存在，對祂不敬的人大概都得下地獄。

　　後來，我雖然說服了自己，不再想下去，但我心裡多少還是有些忐忑不安，便這樣為自己解圍：「既然天主這次費心降下奇蹟，祂總該動動腦筋讓我心服口服吧；既然我不信流星雨是個奇蹟，表示它不是真正的奇蹟。總之，我不必現在就搞清這一切究竟是怎麼回事。等我不累的時候，再仔細想想此事。」

＊＊＊＊＊＊＊＊＊

　　歐洲之行結束後，次年海倫的哥哥結婚，一家人便搬去了一間略小的公寓。一起跟著搬走的，還有在海倫出生以前就負責管家的依姐玻，她與海倫的關係一向不錯，到了新的環境，兩人關係愈發親密，時常湊在一起探討「大事」。他們所談的大事之一慢慢轉向了宗教。依姐玻是浸信會教友，她告訴海倫，儘管她的教會認定地獄確實存在，但她認為上帝是很慈愛的，總會給人皆大歡喜的結局。這番說詞令海倫倍感安慰，於是她每晚開始和依姐玻一起閱讀《聖經》。

　　某個禮拜天，依姐玻帶著海倫一起去教會，教會所在的小鎮離他們的住處有一段相當遠的路程。海倫興奮極了，她到了教會便迫不及待地等著開始。

　　依姐玻教會裡的人不僅膚色迥異於海倫，所唱的歌曲也是海倫聞所未聞的。他們把歌詞翻來覆去地唱，最初唱得很柔，每重複一次，歌聲就更高昂一分，然後他們開始隨著旋律拍手頓足，海倫深深體會到他們心中的美妙感受。但最觸動海倫的，是他們歌唱時渾然忘我的神情，顯示他們與上帝的關係好像不錯。

（海倫）

　　我對神明一向畢恭畢敬，他們這種新奇的溝通方式多少令我有些不知所措。隨著歌聲愈發熱烈高昂，我也情不自禁

地隨著他們拍掌高唱了。

　　後來終於等到了牧師講道，他提到上帝、天堂、救恩這些事情，且一再強調，我們只需去「信」便成了。他講完以後，我們又唱了好幾首歌。散場時，他在外面，依次和離去的人握手。輪到我的時候，他問我喜不喜歡這個禮拜儀式。聽完我的答覆，他拍拍我的肩，叫我下次一定再來。

　　由於得到了牧師親口說出的特別邀請，從此，我只要一有機會，就跟依妲玻去做禮拜。在教堂裡，我跟著大家一起祈禱、歌唱，然而在教堂外祈禱的時候，我真不能確定究竟有沒有人在聽，總覺得一定是哪裡做得還不到位。後來，我終於發現了問題所在。某個禮拜天，依妲玻帶我去觀看浸禮，只聽我那牧師朋友說道：「除非你受洗，否則心地不會純淨，而心地不純之人，是不可能看見神的。」「對啊，」我心想，「受洗以後才能看見神，我就差這件事沒有做到！」

　　我告訴依妲玻我一定要受洗，她說等儀式結束我倆一起跟牧師談談去。牧師很友善，他贊成我受洗，只是猶豫我是否該在他的教堂受洗。我問他緣由，他說，一旦牧師為某人施洗，那人就得加入這位牧師的教會，所以他認為我還是去離家較近的教會受洗好些。

　　我並沒有想到加入教會也是受洗的一部分。回家後琢磨

了很久，我認為在作出入教這麼重大的決定以前，總得先信仰上帝才行。依妲玻聽了我的觀點，說她認識一位牧師，不需要我加入他的教會就可以為我施洗。於是，我倆就在禮拜天去見了這位依妲玻所提到的「主的傳道人」。他確實願意無條件為我施洗，但他認為我最好先問過父母的意見，尤其我父親是猶太教徒，未必會贊同此事。

　　我知道母親是不會反對的，她果然贊成了，還答應要送給我那個我心儀已久的錢夾。我比較擔心父親會怎麼想，因為我從來都猜不透父親的心思。有一天晚飯後，我見他坐在老位置上讀報，便小心翼翼地進屋，琢磨如何開口，但想不出好辦法，只好直說：「父親，我決定受洗。」

　　父親連手中的報紙也沒放下，只是轉個頭看著我，無動於衷地說：「如果這真是你要的，只管放心領洗吧。」

　　「你不介意？」我問。

　　「我？我有什麼好介意的？」他答道。

　　我仍不滿意他的答覆，問：「你確定？」

　　父親保證他絕不把這事放在心上。我原以為自己如願以償，會很高興才對，可是，我心裡不知為何覺得好難過。見父親無意多說，我連忙走開，怕他看到我眼中的淚水。第二天，我回去告訴牧師，父母不反對我受洗，於是牧師把我加

進下個禮拜日的受洗名單。他告訴我，受洗的時候要祈禱。我答應盡力而為，他便很滿意了。

　　受洗那天，依妲玻以見證人和朋友的身分出席，並且幫我打點，為我穿上白袍。她高興得不得了，反覆跟我講，這將是我一生中最美好的經驗。我也希望如此。受洗以後，依妲玻將我的濕衣服裝進之前帶來的袋子裡。我換好了衣服，前往牧師的書房領取洗禮證書。自報姓氏的時候，我給的竟是母親家的姓，瞬間滿臉通紅，心慌意亂，卻又窘迫得不好意思更正。我把牧師給我的證書藏到錢包裡，連忙跑回去找依妲玻。那張證書，我今生從未給任何人展示過。

　　回到家，我心情低沉，雖然受洗了，卻仍舊看不到神。

　　後來的一段時間裡，我繼續跟著依妲玻參加禮拜，僅僅是為了再給洗禮一段測試的時間而已。不久，我只是偶爾去一下教堂，後來乾脆不去了。我對依妲玻說，自己對神就是缺乏信心。她說也許是魔鬼從中作梗，她會為我祈禱的。我謝了她的好意，往後就沒怎麼想起這段洗禮的往事了。

＊＊＊＊＊＊＊＊＊

　　海倫自知缺乏尋求真神的信仰，從此認定，世上值得一信的惟有可用理性和邏輯推理證明之物。因此，她決心成為

「知識分子」，開始博覽群書。而海倫正巧有大量時間讀書，因為她在少女時代肥胖無比，班上的男生也對胖女孩無啥興趣。

就讀紐約大學期間，海倫雖已減去了多餘的體重，但由於整個高中時代她基本沒參與過同齡人的社交活動，以至於一進入社交場合就渾身不自在，跟同學更是無話可談。

雖然如此，教授眼中的海倫卻是一名資質非凡的學生。他們很少教過像海倫這樣的大學生，不只博聞強記，對各式各樣的學術問題也都有獨到的見解。

海倫在大學主修英語，曾對家人表示自己有意成為英語老師。聽之最為欣慰的當屬海倫的母親了，因為她婚前就是一名英語老師。然而，海倫真正的抱負卻是成為知名作家，尤其是聞名遐邇的小說家，但她從不曾向人提起。

其實，這對海倫而言可說是最不切實際的理想了，因為寫作對她是極其困難的事，而且她在寫作時總是過度戰戰兢兢，即便寫出東西來，也總藏著、掖著，不肯示人，連她創作課的老師都讀不到她的作品。

在這期間，她一直廣泛閱讀哲學和文學書籍，並醉心於各種思想體系、推理法則，尤其是邏輯學。對於「生計」的現實問題，則很少操心過。

　　到了第二學年，海倫認識了一個年輕人，叫路易‧舒曼。他在學校圖書館兼職，也是愛好學問的「知識分子」，與海倫氣味相投，常就書籍和哲學問題促膝長談。路易比海倫一米五的個頭只高上八九公分，平素一看到女生就手足無措，他很高興海倫沒有給他這種感覺。

　　兩人開始日日共進午餐。不到三個月，路易便向海倫求婚了。這是路易此生唯一的求婚之舉，也是海倫此生僅接受過一次的求婚經歷。

　　海倫的母親聽說路易是猶太教徒，心中多少有些遲疑，但還是極為贊成兩人的婚事。海倫的父親則表示，自己根本不認識路易，不便置評，更無異議。

　　為了討路易父母的歡心，海倫和路易同意由猶太教拉比來主持婚禮。海倫怕儀式過於複雜，自己會太緊張，請拉比一切從簡，結果婚禮不到十分鐘就結束了。婚後二人各回各家，繼續學業，準備期末考試。

　　結婚之初，海倫的生活基本上一切照舊，她還有兩年的學業要完成。至於路易，婚後兩週他就畢業了，搬去跟海倫一家同住。他在曼哈頓市區經營一家書店，往年攢下的錢全部投到書店生意，沒有太多的閒錢購屋養妻。

　　但對海倫而言，丈夫經營書店，自己忙著學業，依妲玻

按時為一家人準備三餐；到了晚上，父親還能和丈夫下下棋。這樣的日子還真愜意。

　　海倫大概是樂於如此過一輩子的。只是好景不常，她畢業後不久，母親就染上了重病。醫生建議她停止操勞家務，海倫和路易只好搬了出去，住在租來的小型公寓裡。

　　海倫的父母則搬進了旅館，再也無需依妲玻照顧了。可是二老不忍辭退依妲玻，因她畢竟為他們一家效力二十餘載了。因此，二老照付她薪水，只不過改請她去照管海倫的新家。海倫確確實實是個連煎蛋都不會的人，自然由衷感激父母的慷慨相助。

　　畢業以後，海倫曾經試著到路易的書店工作，才一週光景，她便深深體會到，經營書店對她來講實在是不值得做的工作，不僅惹她反感，還勞她的心、傷她的神。她勉為其難地待了一年，突然患上重病，醫生認為需要開刀。海倫嚇得噩夢連連，老是夢到自己被人強按在手術台上，臉被扣上麻醉面罩。她拒絕動手術，拖延了好幾個月，直到病情惡化，只好又去醫院問診。醫生向她保證，那只是一個小手術，術後一週就能下床走動了。此時，海倫即使有意搪塞也沒力氣多說了，只好同意次日就去住院。

（海倫）

　　那天晚上，我獨坐沉思，設法打點自己的心情。我想，假如我相信神會照顧我，說不定會好過一些。神畢竟還是可能存在的，我信或不信，都改變不了祂存在與否的事實。不論祂存不存在，我還是妥協一下，信祂一回，總沒有壞處的，識時務者為俊傑。這回姑且把手術交託給祂，假若祂真的幫了我，說不準我以後就對祂有信心了。試一試也損失不了什麼。於是，我唸過祈禱文，把手術交託給神，第二天又戴上聖母聖牌，才住進了醫院。

　　結果，所有環節都出了岔子。我昏迷了好久，在醫院躺了四個多月才出院。有個照顧我的護士是虔誠的天主教徒，見我戴著聖母聖牌，便以為我也是天主教徒。她告訴我，自己每天都在為我祈禱，尤其在我醒過來之後，她特別為我獻上一台感恩彌撒。她說，天主待我不薄，我能從鬼門關回來，真是天降的奇蹟！我卻絲毫不以為然。非但如此，這整件事讓我大為光火，好多年都無法釋懷。如果天主都是先讓事情惡化再轉危為安，那我只能說，祂的玩笑可真夠惡毒的！護士很不滿意我的態度，而且不悅地說，不論如何，她還是會繼續為我祈禱的。我告訴她，她有祈禱的自由，但請她發發慈悲，別為我祈求奇蹟了，等我由這個奇蹟恢復過來再說。我衷心希望近期內沒有新的奇蹟掉到我頭上，還提醒她，請天主千萬別急，我現在只想康復出院，而這不需要任

何祈禱來幫忙。

　　在住院的漫長日子裡，我每天都盼望著出院，等到真的出院了，我卻非常失望，只覺得天上人間通通遺棄了我。我在醫院待了相當久，到了後來，不得不承認自己確實好多了，沒法繼續裝病，而醫生其實早都認為我該出院了。說真心的，生病住院好似度假，在這迥然不同的環境裡，我暫時迴避了自身的問題。可是問題並沒有解決，發脾氣也無濟於事。

　　有一天我終於想通了，或許是我看待事物的眼光出了問題。這一步退讓反轉的思維，使我得以反省已經走過的人生路，尤其是我那漫長而荒誕的尋神歷程，這一方面顯然毫無進展，而且我不得不承認，恐怕錯在於我自己。也許那位護士說得不假，我對神為我所做的一切缺乏感恩之心，記得上一回出現奇蹟，我就對它嗤之以鼻。可是我又想道，凡事人只能盡力而為，而我自認已經盡力了，所以，反覆臆測自己當初若採取不同態度，尋神之旅可能會有不同結果，是徒勞無益的。更何況，神若真的存在（這點我很懷疑），祂應該會親自指點我信仰的問題。祂若不存在，我還是過我的日子。就我而言，尋神之旅到此結束了。

　　除了無解的神的問題以外，我同時意識到，還有不少問題有待重新思考。首先是我丈夫的問題，畢竟我已經結了

婚，該琢磨我倆的關係了。他算是個好人，當然，他也不是
神，可是這未必是件壞事，我若多用一些心，是可以培養出
不錯的關係的。此事自然急不得，也不見得容易，但我知道
這事不能再拖了。

　　除此之外，還有好多事情亟待解決。我覺得自己很需要
找到一種健康的生活方式來度過餘生。不過，這顯然並非易
事，因為我相當缺乏實務能力。但我已經非常清楚，為人妻
絕對無法滿足我的，何況家務已經有依妲玻來照管，而我又
沒有孩子來填塞自己的時間。起初，我試圖回到書店工作。
我丈夫早年上學期間，經常逃課到公共圖書館徜徉書海，自
己的藏書也很可觀。但我看得出，他買書與讀書的興趣實在
大過賣書的興趣。好在我們不至於入不敷出，周轉還是不成
問題的，而且必要時我父親隨時樂於伸出援手。然而，不論
圖書業多麼適合我丈夫，對我可說是格格不入。我漸漸懶得
去書店幫忙，即便去了也是和他吵架，我倆在經營方面無論
如何也沒法達成共識。我漸漸感到自己陷入了惡性循環，卻
怎麼也想不到出路。

　　那段期間，我在人間的追尋彷彿跟我尋找天堂一般，眼
看又要擱淺了，讓我愈發消沉。但我又不得不承認，我眼下
其實是空前地自由，想做什麼都行，不僅丈夫積極鼓勵我開
創自己的事業，父親也願意支付我所需的一切費用。問題在
於，我不知道自己到底想做什麼。大作家的夢想顯然是遙不

可及了，至於其他行業，我的諸多設想，多半流於天馬行空，從未認真思考過自己需要哪些專業訓練。我當時已經畢業了十年之久，一想到回學校讀書，心裡壓根兒沒把握。說實在的，我真怕自己一敗塗地。

在這期間，我丈夫耐心十足地一次次陪我討論未來可能的職業，著實令我感動。但我始終猶豫不決，又拖延了足足十年，才初步決定成為心理學家。即便作出了決定，我還是喋喋不休地和丈夫討論這個決定，或是寫信索取課程目錄，和指導教授討論各種專業培訓。其實，我連心理學到底關乎何事都毫無頭緒，只是隱隱約約感到那裡面或許有我要的某些答案。後來，我終於下定決心，克服恐懼，進入研究院，暫時放下我對前景的顧慮。這次返回課堂，我發狠要名列前茅。既然找不到天堂，我就要在塵世混出個名堂來。

* * * * * * * * *

儘管海倫以為找尋神的探索之路已經告一段落，但信仰問題並沒有從她生活中消失。隨著日益深入心理研究所的課程，她儲備了更多的「事實」和「科學原理」作為思想武器，自信可以藉此擊潰她殘存的迷信傾向，進而以純理性的眼光去看萬事萬物。因著她學來的「事實依據」，她的思想漸漸發生了微妙的變化，從冷靜客觀的不可知論轉為憤世嫉

俗的無神論。事實上，她在拿到博士學位以前，就已經準備好甚至迫不及待要向任何有宗教觀念的人挑戰了。

雖然如此，也可能正因這一心態，海倫反而碰上一連串不可思議的事件。第一次發生在一個寒冷的冬夜，她和路易正要搭長途地鐵訪友，而海倫一向對搭乘地鐵頗爲反感，況且那次他們還不得不在冷颼颼的月台苦等十五分鐘，使得她的心情雪上加霜。更糟的是，車廂裡面擠得水洩不通，兩人站了好久才等到座位。海倫已經一肚子火，卻見路易只顧埋頭看報，對她的「悲慘遭遇」不理不睬，更加感到鬱悶難忍。她環視車廂，滿眼皆是衣衫襤褸、骯髒邋遢之輩。過道對面，有個小孩在他母親面頰抹了一臉的巧克力。隔著若干個座位，一個小孩從地上撿了塊口香糖，塞進了嘴裡。車廂另一頭，一夥半醉的老人高聲吵嚷。海倫滿心厭惡地閉上雙眼，胃裡直犯噁心。

就在這時，神奇的事情發生了。

一道耀眼的光芒在她閉合的眼後熠熠閃耀，充滿了她的心。她不曾張開眼睛，卻看到了一個人逕自走入光中，她知道那人就是她自己。只見她十分篤定地停下來伏地磕頭，好似東方人五體投地的禮拜動作。接著，那人起身走到另一側，再次跪下，彷彿倚在巨大的膝蓋上。這時，一個狀似臂膀的巨大形體伸向她，她便消失了。那光愈發耀眼，海倫感

到一股深湛無比的愛從這光中汩汩湧出，令她不禁倒吸一口氣，隨即睜開了眼。

在那深湛光輝停留的片刻中，海倫感到自己對車廂裡每一個人都懷有同樣深湛的愛。隨後，光芒漸漸褪去，原先那幅醜惡骯髒的畫面又回到了海倫眼中。前後的巨大落差，使她楞了好幾分鐘才回過神來。然後，海倫忐忑不安地把手伸向路易。

「我不知道該怎麼形容，」她聲音顫抖著，「很難描述，嗯……」她不知如何繼續，頓了一下。「我看見一團很強的光，一股接一股的愛從裡面流出，我睜眼的時候，只覺得自己愛所有的人。然後光消失了，感覺也消失了，一切都消失了，不知那到底是怎麼回事。」

路易多年來一直在研讀神秘學的資料，因而不以為奇。「別擔心，」他向海倫保證，「這種神秘體驗很常見，不必放在心上。」說完他繼續閱讀報紙。

海倫聽從了路易的建議，只是仍然難以忘懷。在往後的幾年裡，儘管海倫沒再認真想過這次的神秘體驗，但這體驗卻始終蟄伏在她心靈深處的角落裡，只待相似的情境一出現，便會再度觸發。即使在這期間，海倫仍然繼續學術研究，堅守無神論的立場。

　　1957年，海倫取得博士學位，並獲選加入Sigma Xi國家榮譽科學研究會。很快的，種種工作機會不請自來。學校根據她的博士論文申請巨額研究補助，獲得了撥款。研究計畫進展得相當順利，系主任還為她安排了教學工作。然而好景不常，她忽地時運不濟，所提交的附加提案通通遭到否決，轉眼間，她失業了。

　　不過，憑海倫所建立的人脈，另覓高職絕非難事，她心裡很清楚這一點。只是，在失業後的好幾週裡，她一味地怨天怨地、顧影自憐，根本不去找工作。終於，她看出了自己毫不理性的心態，便拿起電話，打給一位也許幫得上忙的朋友。對方立即給了她一大串有希望的工作機會。她正要撥給名單上的第一個人，朋友又打了回來。

　　「不用管我剛才給你的名單了，」他果斷地說，「你知道比爾‧賽佛這個人嗎？」

　　「沒聽說過。」她答道。

　　「你現在就給他打電話，」朋友說，「他是長老會醫院心理學研究計畫的主管，這是他的號碼。你打給他時，記得告訴他，我說了，你正是他要找的人。」

　　海倫並不熱中在醫院任職，而且她也聽不出這工作有什麼吸引人之處。不過，她還是拿起電話打給比爾‧賽佛。

　　第二天上午十點，她準時來到醫院面試。在她走進辦公室，看到比爾的第一眼，她在心裡默默說了一句話，連她自己都莫名所以。

　　「原來他在這兒呢，」她在心裡說，「我要協助的就是這個人。」

第三章

　　當海倫週一到醫院上班時，比爾真不知道如何安置她，因為研究計畫的辦公地點尚未獲得批准，連計畫怎麼開展比爾都拿不準。

　　不過，他總算為海倫張羅了一張桌子，叫人搬到挨著自己辦公室的一個閒置的角落裡。這一處角落，就是海倫接下來兩個月的辦事處。

　　比爾並非未曾努力為海倫以及即將加入的工作人員申請更大的辦公空間，其實從院長到各級主管，上上下下的管道，他都試遍了，卻說服不了任何一位上司出面定奪此事。

　　如果比爾當時知道，往後他在醫療中心必須天天面對這樣互相推諉責任的局面，只怕他立刻就會辭職走人。幸好，他尚不了解這種作風乃是醫療中心的一貫模式，一心要把路走下去，跟這幫人磨到底，直到某個當權之人肯批准他籌畫中的兩項計畫，哪怕僅僅一項也行。

　　比爾之所以遭遇這麼多的挫折，一大原因在於他必須同時對五位掌管不同事務的主管負責：精神病學系主任、醫院院長、學務副校長、內外科醫學院院長、哥大校長，更別說負責各項特殊業務的副校長了。因此，想把任何一件事辦成都難上加難，要提高效率更是天方夜譚。偏偏比爾負責的就是改變這一瓶頸，整飭積壓多年的沉疴。所以，他每邁出一步，不管要做什麼，醫學教授和行政人員為了維護既得利益、擴張權力版圖，總是極力阻撓。

　　另外一個原因是，心理學系只是精神病學系的分支，和醫院裡的其他分系一樣，它的權級幾乎低到不能再低。在比爾到任以前，系裡士氣就很低落了，教職員的薪酬比秘書還要低，以至於比爾雖然感到應當撤換系裡學歷不足的人員，卻根本找不到資歷合格的人來替補，醫院提供的薪水實在太低了。

　　就在海倫受聘，加入工作行列之初，比爾所面對的挑戰還不止這些。如此惡劣的形勢，海倫很快便看得一清二楚。她到任後，只能屈就於比爾安排的「臨時」角落辦公，兩個月以後，研究計畫的辦公地點才得以確定，然而此時，海倫已萌去意。事後回憶起來，也許辭職與否真不是海倫的意志所能決定的，冥冥中她註定該在此地。

　　即使有了新的辦事處，海倫起初仍感到這份工作簡直乏

善可陳。在工作上，她和比爾互動密切，卻和他不在一棟樓，而且工作本身乏味無比，處境再爲難不過了。更糟的是，海倫很快感受到一種互相猜忌和競爭的氛圍，這是她從未接觸過的。

除此之外，海倫和比爾還面臨一個更嚴重的狀況，那便是：他倆雖然都很敬重對方的才幹，卻老勾出彼此性格中最壞的一面。不出幾個月，這一問題就已經浮上檯面了，給彼此的生活帶來了巨大的壓力。不論是一起申請研究經費，甚或商量在醫院餐廳還是小飯館用午餐這種小事，沒有一件是他倆能輕易達成共識的。

儘管如此，或者正因如此，他倆心裡曉得，彼此絕對少不了對方的扶持，才應付得了醫院職場上終日鋪天蓋地的種種事態，僅憑一己之力，根本就招架不住。而且兩人都很清楚，他們必須一同設法改變同事之間積壓多年的敵對情緒才行。要是沒有改變的希望，他倆早就掛冠求去，另覓更清靜的地方了。

就因著這個心照不宣的期許，比爾跟海倫決意攜手解決系裡的問題。合作之初，戰況相當慘烈，他們無時不在拼命搶時間撰寫經費申請報告，以便引入系裡各部門運作所短缺的資金。他們的目標固然一致，然而，比爾撰寫的申請報告，沒有一段不被海倫全盤修改；而海倫提出的建議，也沒

有一項不受比爾強烈質疑。

　　工作本身已經夠勞心傷神了，兩人針鋒相對的態度更使彼此心力交瘁。他們晚上和週末仍得工作，即使不在一起，也會在電話上吵。日子一天天過去，然而他們所有的努力收效甚微，系裡黨同伐異之風照舊，人際關係無一絲好轉跡象，人員流動又異常頻繁，使得比爾光是想維持現狀免於惡化都頗爲吃力。

　　儘管比爾和海倫一心一意爲共同的目標而奮鬥，兩人的關係卻總是隨著工作壓力在變化。其實，光從他們兩人的合作而言，本身就是不可思議之事。比爾比海倫小十四歲，骨子裡是個樂觀的人，不論面對多大的挑戰，心裡總是堅信世上沒有解決不了的難題，只要能堅持到底，終究會有辦法的。海倫則常緊張到焦慮的程度，即使在人前裝出開朗的模樣，也壓抑不住向來的悲觀情緒和不安全感。另外，他倆處理人際關係的心態也迥然不同。遇到太過咄咄逼人的情況時，比爾往往會撒手退出；海倫則愛多管閒事，老是陷入其中，難以自拔，也因而常常感到受人壓榨，憤憤不平。可以說，他倆相互依存的需求愈強，彼此的怨懟就愈深，只因誰也改變不了對方的態度。如此積怨日深，深深阻礙了攜手合作的初衷。

　　雖然兩人之間有不少恩怨，冥冥中又似乎有某種共同的

約定，使得海倫提不出辭呈，也使得比爾不能不去「保護」海倫的事業前途。當海倫受聘的那一研究計畫規模縮減，必須砍掉一部分經費的時候，比爾把唯一一份受他管轄的職務給了海倫，使她多少擁有起碼的工作保障。

1963年，比爾的上司委派他到研究規畫委員會任職，負責為即將竣工的研究大樓分配辦公區。這一機遇對比爾可說是「獨一無二」的殊榮，一生僅此一次，他終於可以為自己設立專用的辦公室了。於是，他為自己保留了兩間私人辦公室，以及一塊僻靜、不受干擾的秘書辦公區。當時，他並未意識到自己為什麼要了兩間私人辦公室，其實他根本用不著。多年以後，他回憶說：「我當年一點都沒想到，這個空間對我和海倫共同進行的工作是多麼的必要！」

1965年夏季，新研究大樓落成，正式啓用。在來自公務和個人的阻撓下，比爾排除萬難，終於搬進了新的辦公樓，並建議海倫搬進隔壁那間私人辦公室。雖然兩人的心理障礙依舊，至少妨礙職務配合的空間距離已經消泯了。

那年夏天的一個午後，每週例行的研究會議就要開始了。海倫和比爾一點都不想出席，因為這類會議充斥著爾虞我詐的權力鬥爭。然而，就在這次會議開始前發生了一件事：比爾來到海倫的辦公室，一副欲言又止的模樣，終於，他吸了一口氣，紅著臉，開始發表高論。事後他回憶起來，

坦承自己說的話都是老調重彈，也有些情緒化，沒敢指望海倫會附和他的看法。儘管如此，他還是把肺腑之言講了出來。他說，他思前想後，最終承認，他們所用的方法錯了。「一定還有另一條路才對！」他說，「我們這種負面的心態是解決不了問題的。」他接著又說，自己已決心從不同的角度看待事情了。

他非常具體地提出，當天那場會議上他就要試試新的方法。這回他不要發火，而要在大家的所言所行中看到富有建設性的一面，不與他們競爭，且盡量配合。他說，既然他倆先前的途徑明顯是錯的，那麼現在就應當找出新的方向。比爾很少這樣長篇大論，語氣也罕有這般堅定。說完，他有些不安地等待海倫的回應。結果與他料想的相反，海倫一下子站起來，篤定地告訴比爾他說的有理，自己要跟他聯手嘗試新的方法。

從某種層面來講，這次的同心協力反映出一種前所未有的真心的承諾，好似為1965年夏天一連串異乎尋常的事件拉開了序幕。

在那次工作會議上，比爾開始嘗試新的途徑來面對問題，起初並無效果，會議氛圍與他們前些時的會議沒有兩樣。然而，在眾人為各自立場展開唇槍舌劍的時候，部分的與會者發覺，會議室裡的氣氛似乎與以往有些不同。比爾一

改從前強硬的立場，開始聆聽，並同意考慮對方意見。當職員為自己無法按時完成工作找藉口時，比爾不僅接受對方的理由，還替對方圓場，希望以後不用再加重對方的額外負擔。比爾自己都沒有料到，他的這番答覆，似乎引發了與會者的共鳴。

最初幾週，比爾和海倫努力探索的「更好方式」並沒有為院裡的人際關係帶來太大的突破，但他倆至少看到，會議氣氛不再劍拔弩張了。到了夏末，全系的人際關係幾乎徹底改觀，緊張狀態日益鬆弛，敵對情緒逐漸消弭，許多不堪勝任的職員也和平離職了，並且馬上就出現更多合適人選來遞補他們的缺。比爾和海倫的努力未必能夠一以貫之，有時甚至只是敷衍了事，但他們的初衷與願心始終不減，所付出的努力也確實成效顯著。不到三個月，系裡的運作明顯順暢了不少，比爾有時還會看到教職員竟能彼此微笑致意了。

不過，比爾和海倫的關係並未得到太大的療癒。儘管他們盡力展現寬容的一面，但兩人的心結糾纏得太死，一時難以開解。也因此，他倆雖然和系裡甚至系外人士的關係都已經大為改觀，彼此之間卻仍不斷爆發激烈的爭吵。事後，兩人都承認那些爭吵實在是小題大作，甚至無端生事，然而他們十分清楚，無形中，彼此的對抗已儼然成為條件反射了。若想闖過這一關，他們還有很長的路要走、很難的功課要做。

就在他倆認真調整彼此關係的同一期間，海倫從小就斷斷續續在心中看到的「靈異景象」突然起了變化。原先她時不時看到的黑白「靜態劇照」，如今不僅有了色彩，而且變成了前後理路清晰的動態影像。她的夢也呈現出同樣的特質，夢到的主題經常是連貫的，而且往往在入睡以前就開始上演了。

（海倫）

自從六月我和比爾相互承諾要改變自己的態度起，一直到十月，我驚覺自己看到的靈異景象和所作的夢，形成了三條不同的故事線，各自循序推展。那些故事雖然偶有重疊，但我還是分開來講，以便交代清楚。我的夢可能屬於象徵性的表達，有如「夢境呈現心像」（dream imagery）；也可能反映現實具體事件，不過，它們究竟屬於哪一種，我也常常拿不準。觀看那些影像，好似看電影，我就像觀眾，雖然知道我所觀看的人物就是我自己，但我仍不覺得自己是當事人。

這三部連續劇的首部，由一位身分不明的女性人物拉開了帷幕。她穿戴隆重，俯首跪地，手腳都銬著沉重的枷鎖。身旁有一座低矮的三腳祭台，台上放著巨大的金屬火盆，熊熊火焰在高於她頭頂的空中燃燒著。她看起來像是一位女祭

司，那盆火可能與古代宗教儀式有關。這位女祭司的形象幾乎每天都出現，連續了好幾週，但每一次她的狀態都有明顯變化，先是一點點地卸去了手腳上的鎖鏈，並開始抬頭、起身，終於站了起來，此時，只有一小段斷開的鎖鏈還掛在左腕上。在整個過程中，她每站起來一點，那盆火就燒得更旺更亮了一些。我萬萬沒想到，自己對她的情緒反應會那麼強烈，不知是什麼緣故。

女祭司第一次抬眼看我時，我相當恐慌。我認定她的神情會充滿憤怒，而且透露出譴責與厭惡的眼神，所以後來幾次她出現的時候，我都掉過頭不去看她。終於有一天，我決心正視她的面容，而一看之下，我禁不住淚流滿面——她的面容如此溫柔而慈悲，雙眸更是難以形容，我向比爾形容這雙眼睛時，只能勉強找到「天真無邪」這個字眼。她根本不看「怕被她看到」的那個我，對我罪孽深重的那一部分好似一無所知。我太愛她了，不禁雙膝跪在她面前。她就站在我前面，但不論是我設法移到她身邊，或想把她拉到我身邊，我都辦不到。

我接下來的反應更離奇。突然之間，一股喜悅之情傳遍全身，強烈到幾乎無法呼吸。我大聲問道：「這是不是表示，我可以領回自己的天賦使命了？」答覆寂然無聲，意思卻非常明確：「當然！」這答覆令我欣喜若狂，我從來沒想過人能經驗到這麼大的快樂，我高興得一遍遍自語了好一會

兒：「太好了！啊，太好了！」彷彿我心裡有一部分是自己不曾了解的，那部分的我非常清楚這一經驗的深刻意義。這是一種奇怪的意識解離現象，慢慢地，我對這種運作方式也就見怪不怪了。

連續劇的第二部跟第一部的呈現方式大同小異，有時像作白日夢，只是驚鴻一瞥幾個畫面，有時則如睡中之夢，其中不僅有我，還有比爾，我倆演繹了許多不同的關係。這些靈異景象的時間順序很混亂，難分孰先孰後，有時，某些看起來非常古老的場景反而出現在現代的場景之後。在這部的第一集裡，我看到自己拼命划船，船卻動也不動。我舉目四望，認出此地是威尼斯，我坐的是當地的鳳尾船。不遠處有個瘦高的男子，樣子像極了比爾，倚在水面上冒出的一根斑駁的木桿上。他雙臂交叉胸前，假裝正經地打量著我，我愈看愈覺得是比爾。他雖然穿得像個鳳尾船船夫，衣服上卻綴著亮片。他靜靜站在那兒一言不發，我這才發現，原來有根粗繩把鳳尾船繫在碼頭上。我覺得很窘，剛才用那麼大的力氣划船，簡直枉費工夫。比爾雖然沒有伸出援手，但他臉上的微笑不像有嘲弄的意思。

這一部接下來的幾個場景，給人的感受就很不一樣了。有一集，比爾以鬥牛士的角色出場，服裝非常華麗，從頭到腳金光閃閃。我隱約記得那是一個競技場，但印象實在模糊不清。他下次亮相是一位巫醫，手腕和腳踝上戴著一圈羽

毛，一襲草裙，頭戴飾有鮮亮羽毛和璀璨珠寶的華美頭飾，而我則穿著樸素的土布連衣裙。我倆都是黑人，身處茂密雨林中的一處空地，我好似在向比爾求助。他跳著怪異的舞步回應我，一邊大聲誦唸某種我聽不懂的語言。剛開始，這一儀式對我有安撫作用，後來我愈聽愈害怕，求他停一下。周圍的鼓聲愈來愈大，他依舊猛敲手裡的木質樂器，好像根本沒聽到我的請求。我驚慌失措地溜走，一路拼命掩住耳朵，不敢回頭。

接下來的一集仍由我和比爾登場，情節發展有點像戲中戲，其中一個主題千迴百轉，拖了很長一段時間才黯然落幕。在那一集中，我是個女祭司，身在貌似埃及神廟之地，但我感覺那座廟也許比埃及神廟還要古老。神廟四周依稀可見巨型石像的輪廓，但我看得不是很清楚，廟裡的火光太暗了。不過，憑著這點光亮，我仍可看出整座神廟相當壯觀、華麗，裡面那個照明最足的祭壇更是氣派非凡，一道光不知從何處直射其上，照得壇邊所鑲的寶石閃閃發亮，拋光的石面也在它的照射下熠熠生輝。身為大祭司的我，衣飾繁複華麗，頭上的冠冕鑲滿寶石，唯獨中間那顆不見了。

這部戲一開場，我站在祭壇前，手持長矛，俯身看著近乎赤裸躺地的比爾，矛尖抵著他雙目之間。記憶中閃出一連串的畫面，好似交代了開場以前的故事。原來，剛剛發生了一場奴隸暴動，我現在要殺的比爾就是叛軍頭子，是他偷去

了我冠冕中央的紅寶石。那可不是普通的寶石，它賦予佩戴者各種各樣的法力。女祭司若要奪回法力，必須處死偷走寶石之人，這位女祭司只相信法力與奴役，反叛之人等於是自尋死路。

接下來的情節根本不符合人物的性格。當時，我滿腔復仇的怒火，就要一矛刺入比爾的雙目之間了，他似乎並不害怕，只是看著我，默默等待一死。我擺出架勢，正要一矛刺下去。誰知，我竟猶豫了一瞬，心裡曉得自己的戲已經演完了，比爾會活下去，死的是我。我丟開了矛，就這麼定了自己的死局。在這部戲的最後一集裡，我獨自站在一段很寬的階梯頂端，身後的巨門緊閉著。我被逐出了神廟，失去了冠冕和金色長袍，身上只剩一條鬆鬆垮垮的白色連衣裙，前後兩面污漬斑斑，領子也撕開了。在我眼前的，是一片茫茫荒漠，隨風捲起的熱砂抽在我臉上。在遠處還可看到四散零落的白骨，我也將葬身其中了。我狠狠咒罵自己，竟然讓這種事發生在自己身上。緩步走下階梯時，我氣得身子直發抖，喉嚨乾渴有如撕裂。風中，已經聞到了死亡的氣息。

這一集帶給我的情緒衝擊相當強烈而持久，以致異象的畫面淡去以後，我依然氣憤不已。當我跟比爾講起這個故事，尤其是講到他盜走我紅寶石的時候，滿腔的怒火全爆發出來了，感覺就像那故事又從頭到尾演了一遍似的。那顆紅寶石在我眼前璀璨地放著紅光，那一刻，我又掉回了那一場

景，再次痛斥自己，怎麼會為了那個無足輕重的叛賊賠上自己的性命！我忍不住把怒氣發洩在比爾身上，他當然很不舒服，我心裡也不好受。我倆都沒料到我能為一個異象發這麼大的火。接下來的幾集隔了好一陣子才出現，好像給我一段時間緩和一下情緒。所幸，後面的故事開始改頭換面了，不過我的下場還是不盡如人意。

　　比爾的角色是方濟各會修士，身著棕袍，腳趿涼鞋，一面安靜地讀著一本小書，一面在修道會的拱廊閒庭信步。拱廊一側有塊小小的草坪，修剪得整整齊齊，中間一座美麗的噴泉，鳥兒戲水池內，四周繁花盛開，一簇一簇點綴在草坪上。我無法確定修道院的年代，但地點像是西班牙。我一襲黑衣，臉上蒙著沉重的黑紗，雙目低垂，雙手緊扣，彷彿正在祈禱，朝著比爾緩緩走進拱廊。當我來到他面前，以懺悔的姿態跪下，求他寬恕，他竟然連頭也沒有抬起來。我氣得起身罵他鐵石心腸，他卻聽不到似的，只顧靜靜地閱讀，眼睛都沒離開過書本。我憤怒且沮喪地退下，這時畫面淡出，好似不了了之。

　　接下來的一幕，看起來相當古老，彷彿發生在太古時代。我又是女祭司，形象與先前那位大不相同，這一位看起來酷似最初那個掙脫了鎖鏈、有著純淨眼神的女祭司。她隱居在一座小小的神殿中，那神殿座落於綠蔭山谷，是由白色大理石搭建而成的。我不確定她有沒有實在的身體，實際看

到的，不過是一個嬌小苗條的白衣女子的輪廓而已，而且她從未踏出神殿一步，最遠只到過自己的屋門口。那間屋裡安置著一座外形樸素的木質祭壇，一小團火焰燃燒其上，升起一縷孤直的白煙。女祭司坐在祭壇旁邊的矮凳上，緊閉著雙目，為前來求助的人祈禱。

有時，只看得到殿外的山谷；有時，殿裡看來空無一人；其他時候，則能見到一大群人歡欣鼓舞地列隊行進，隊伍很長，前後都望不到盡頭。不知何故，我可以感受到這些人的心情，每個人都懷著極深的自由與合一之感魚貫而行，一副勝券在握的樣子。我不確定女祭司是怎麼幫助他們的，但可以肯定，她的祈禱發揮了至關重要的作用。還可以肯定的是，求助者來自全國各地，有些還是千里迢迢而來的。他們沒有直接對談或會面的機會，有一道矮牆把神殿和外部世界隔開了，他們都跪在四周矮牆上，把願望說給一名男子聽。那名男子似是女祭司與外界溝通的媒介，他待在一個將女祭司與求助者隔開的空曠房間裡，把人們的願望傳達給女祭司。

起初，我並沒有看到那名男子的面容，經過好長一段時間，才認出他是比爾。他在協助女祭司完成的使命中扮演了重要的角色，大家把願望說給他聽，他聽完就走到女祭司門前，僅僅傳話說：「有人來求助。」然後就代表來者請求療癒。女祭司從不問來者的名字，也不問對方的具體請求，只

是靜靜坐在祭壇的焰火旁為來者祈禱，一向來者不拒。她從未離開過神的身邊，故十分安然，相信真神就在這房間裡與她同在。我十分確定她就是我，但又不敢相信真的是我。我只知道自己看她的目光充滿了愛。

　　下一集又發生了戲劇化的轉折。我和比爾好像身在十九世紀中期的美國，兩人都是奴隸，雖然結了婚，但我心裡十分瞧不起他。他年紀比我大，膚色比我深，所懷有的深刻信仰也只是「腦筋簡單」，我一點也看不出他對神明的天真信賴有何道理可言。他對我的信賴也同樣天真，但我知道自己不值得他的信賴。故事細節不太明確，感覺上好似要發生什麼事。我相貌美麗，膚色近白，完全沒有道德底線，只要哪個男人對我有意思，我就會毫不猶豫地跟他交易。終於，我利用某次的性交易為自己贖了身，但代價好像是出賣了比爾，而我也不對他隱瞞自己的如意算盤，還引以為樂。比爾既沒有怪我，也未加阻撓。我背過身，憤然離去，心中卻忘不了他眼中的哀傷。

　　這一部戲的結尾，有種功德圓滿甚至凱旋的意味。我站在好似教堂頂樓的房間裡，比爾坐在一架巨大的老式管風琴前，彈奏韓德爾的「哈利路亞大合唱」，面容充滿喜悅的光輝。我倆終於完成了目標。在我面前，是座樸實無華的棕色木質祭壇，上面刻著兩個詞，各佔一行。這兩個詞真是絕配，上面一行刻的是「伊羅興」（Elohim），當時不認得是

什麼意思，後來查到了，是希伯來語指稱真神的詞；另一個
詞「伊沃噫」（Evoe），我認出是希臘神話中，酒神的侍
女為紀念酒神巴克斯〔譯註〕而舉行儀式時所喊的口號。我
正看著這兩個詞，忽然，一道閃電從教堂後方打來，擊中祭
壇，消去了第二個詞的形跡，只剩下金色的「伊羅興」閃閃
發亮。這時，「哈利路亞大合唱」升至高潮，一個熠熠生輝
的人形從祭壇後面向我走來。我立即認出他是耶穌，於是在
他面前跪下，而他卻繞到我身邊，與我一起跪在祭壇前，
比爾也起身過來跪到他身旁。接著，有個聲音（我日後最
熟悉的天音）寂靜卻清晰無比地告訴我：「這個祭壇就在你
內。」這句斬釘截鐵的話語深深打動了我，我不禁流下了眼
淚。

　　連續劇的第三部出現的形式一如前兩部，只不過情節長
了一些，劇情也明顯有條有理地推展。從頭到尾都有一個身
分不明的男子，不時現身，幫我解圍。當時，我通常都認不
出他是誰，有時覺得他是比爾，有時則隱約懷疑是耶穌。這
部的開場，非常像上一部開頭那個原地划船的故事，也有點
像第一部戴了枷鎖的女祭司的開頭。我沿著湖岸閒逛，看到
一條棄船倒在岸邊，粗繩繫著大錨，深深陷入泥裡，船身也
有一部分被泥沙蓋住了。顯然，這艘船已經廢棄了多年。

〔譯註〕巴克斯（Bacchus）是酒神在羅馬神話中的名字，他在希臘神話中叫狄
　　　俄尼索斯（Dionysus）。

　　我知道，沒有幫手我是絕對拉不出這艘船的，但我感到非試一下不可。我死命拉扯繩子，卻徒勞無功，繩子太重了，連提都提不起來，而且腳下的爛泥讓我不斷摔跤。我大聲求援，卻聽不到一個回應我的人。此地人蹤絕跡，可是不論我多麼灰心喪氣，心中卻很清楚，把船推出泥沼是很要緊的，但我又知道，以自己的能力是絕對辦不到的。突然，我心有所悟：原來我先前的方法有問題。

　　「對嘛，」我自言自語道，「船裡有個非常強大的收發器，雖然閒置已久，也還能用，眼下只能靠它求援了。」

　　第一集至此結束。

　　接下來的情節不甚清楚。有一名男子不知從哪兒冒出來的，與我合力把船錨拖出泥沼，扶正船身，推到了水裡。船起初仍然有點受船錨拖累，不過還是開動了，速度慢慢加快，似乎在朝著某個既定方向前進。我不知船要駛向何方，顯然也無需知道，只要身邊突然冒出的那個人心裡有數便夠了。

　　行駛一陣子之後，湖面起了波濤，我不由得害怕起來。幸好，下一集裡，那個人又出現了，而且特意穿戴了黃色的油布雨衣、頭盔、靴子。我正惶惶地掌著舵，他就來了，從我手裡接過了舵盤。

「你到那邊坐下，」他口氣堅定，卻無惡意地說，「天氣要壞上一陣子，我幫你過了這關，你再來掌舵。」

我到甲板一側的長椅坐下，仍然放不下心。

「還是多找點幫手吧，」我怯怯地提議道，「船裡面好像有個挺不錯的訊號收發器，不妨一用。」

「你先別碰它，」他立刻說道，語氣更為果決，「你還沒準備好，用了它，只會招惹麻煩；等你準備好了，我自會告訴你。眼下你不用操心，我們會度過難關的。」

他嫻熟地駛過一段極為狹窄的航道，我在一旁看著，感覺很安心。船首揚起高高的浪花，雨水也從烏雲密佈的天際傾盆而下，奇怪的是，我身上一點都沒淋濕。漸漸地，船駛入了風平浪靜的水域，船舵又回到了我手裡。

接著，那名男子又現身了，懶洋洋地倚在船舷，穿著短褲和開領夏衫，一派閒適的樣子。天氣暖和，陽光明媚，湖面波瀾不起，船行得很穩。我倆站在舵前閒聊時，我看到他項上戴了條金鍊子，上面墜著一個看起來挺陌生的金色標誌，也許是希伯來語的字母，讓我想起了一件事。

「我有一條跟它很像的，」我看著那標誌說，「其實，我現在就戴著呢。」

「沒錯，我知道。」那人微笑著回答。

「但是，」我補充道，「我那條的字是反過來寫的。」

「這個我也知道，」他依然笑著說，「其實，我這條也是你的，我替你保存一段時間，等你能用它時，保證物歸原主。」

這對互為倒影的符號，給我留下的印象太深了，事後我模擬到紙上，不久以後，碰到一位希伯來語的學者，我問他是否認得這對符號。他苦思片刻，說：「原來如此！它象徵著正反皆可讀通的標誌！」我不得不請他解釋給我聽。原來，當年摩西在山上和上帝交談以後，帶了一份寫著神諭的卷軸下山。這份卷軸的神奇之處就在於，上面的話，從正面或反面都讀得通，這顯然不是常人所能為的。說來奇怪，聽了這話，我心情很複雜，一方面很高興也很感動；一方面又害怕，我始終希望那些夢境和幻想只是我「心想事成」出來的，那樣我就不必對自己的所見所聞過分認真了。然而，這段經歷使我無法對過往所見的異象等閒看待。

* * * * * * * * *

起先，海倫會把她的異象經歷一五一十地講給她丈夫路易和比爾聽。路易和海倫一樣，非常擔心此事，所以海倫後來就乾脆不再跟他講了。比爾則對這一系列的景象大感興

趣，並且全心支持海倫，然而海倫焦灼的心情卻並沒有因此
而稍得舒緩，日後一出現異象，她依舊非常恐慌。她不喜歡
影像的內容，更不想看到它們，心中焦慮到極點，因她感到
那些影像都是找她看病的精神病患者才會有的經驗。

隨著這類異象不斷出現，海倫甚至告訴比爾，自己可能
要瘋了，真的需要接受精神病症評估了。

比爾安慰她說：「何不順其自然，看它怎麼發展？我感
覺你這些經驗可能和我先前向你提的，想要為糾葛難纏的人
際關係尋找更好的解決辦法有關。」

比爾跟海倫一樣，原本對靈異現象既沒興趣，更缺乏了
解，但他不能不承認，眼下發生的情況實在太不尋常了，海
倫經驗到的故事情節也相當引人入勝。然而海倫最擔心的，
恰恰就是整個事件愈來愈像「通靈」，光是想到這一點，
便足以讓她驚慌失措了，雖然她根本不了解通靈到底是怎
麼回事，只聽說過國際著名的心理學家萊因博士（Dr. J. B.
Rhine），曾在北卡羅來納州的杜克大學用卡片做過一些實
驗而已。

比爾原本就有打破砂鍋問到底的個性，如今又需要更多
資料來解釋目前發生的狀況，於是，他開始搜羅有關靈異現
象的書籍。最先讀到的是埃德加·凱西（Edgar Cayce）的生
平，此人號稱「美國最偉大的通靈人」，去世於1945年，在

他生前約莫四十個年頭裡，經歷了各種常理無法解釋的事件，這些事件大多留下了記錄，至今仍可在位於弗吉尼亞海灘的「心靈啓蒙暨研究學會」（Association for Research and Enlightenment，簡稱A.R.E.）查詢到，該學會是專為保存凱西的靈知洞見而建立的機構。

比爾稍微向海倫提了一下凱西的故事，建議海倫也讀一讀自己找來的那本書。海倫斷然拒絕，甚至不肯承認自己的經歷值得深入探討，只不過她同時又向比爾坦言，自己對此事的看法開始不那麼肯定了。一方面，她明知自己在理性與意識層面從未接觸過「正反皆可讀通」的那種奇異標誌，另一方面，她卻不肯追究這一訊息怎麼會出現在自己看到的景象當中。

比爾絲毫沒有因海倫的態度而放緩腳步，他在內心深處曉得，海倫當前經歷的一切，對他們二人都至關重要，因而愈發熱中於靈異學的資料。

比爾向海倫表示，她描述的景象也許與前世有關。海倫對此說法特別反感，一來，她不能理解，她所認識的那個不信輪迴轉世之說的比爾，怎麼會提出這種觀點；二來，以她「高等知識分子」的身分，以及注重「科學論證」的專業背景，她一向對這類觀念嗤之以鼻。問題是這類景象始終沒有完結的趨勢，海倫的態度才開始出現細微的變化。

（海倫）

　　接下來的一集發生在夢裡。依照夢的原理，先前出現的船變成了轎車。我正驅車駛於交通擁擠的橋上，想要右轉，但車道不對，而且前面有輛車擋著我，我們兩部車前後受堵，看樣子交通塞得很嚴重。我必須轉彎才行，但根本就辦不到。「一轉彎，必會撞上前面的車，」我想道，「要是他右轉了，我也一定來不及跟上，後面那輛車就又堵了進來。」我不停地思考怎麼轉出去，但這些方法，要麼行不通，要麼會釀成車禍。不久，我靈光一閃，想出了一個點子。

　　「我們兩部車一起轉彎，」我開心地想道，「一點都不難。」

　　於是，我輕輕鬆鬆就跟著前面的車轉了出去。「真好笑，之前怎麼沒想到！」我正自鳴得意，畫面便消失了。

　　接下來的一集，我又回到了船上，心裡仍記得剛剛右轉過。船沿著筆直的小小河道緩慢而順暢地行進，還有微風在後助陣。兩岸古樹成行，綠草成茵，野花遍地。「不知道這裡是否埋著寶藏？」我一個人胡思亂想，「有也不奇怪。」然後，我發現船裡面放著一根釣魚竿，尾端的魚鉤很大。「正派得上用場！」我一邊想，一邊把魚鉤丟到水裡，盡量把魚竿往下探，果然勾到了某個重物，費了好大的勁才把它

拉了上來，是個古老的藏寶箱，木頭讓水給泡壞了，底部纏滿了海草。我把它弄進船裡，興奮地打開它。

　　我以為裡面會有珠寶或金幣呢，結果大失所望，裡面只有一大本黑漆漆的書，封皮像我們系裡用來封裝打字稿和論文的「活頁彈簧夾」，書脊寫著一個燙金的字Aesculapius，看著眼熟，但想不起意思。後來查到，是希臘醫神的名字。接下來一週，我又見過那本書兩次，第一次它上面裹著一串珍珠，第二次是在夢裡，我看到送子鸛飛過村落，心中納悶這有什麼了不起的。這時，一個寂靜的「聲音」對我說：「瞧瞧送子鸛叼著什麼呢。」一看之下，只見袋子裡裝的不是嬰兒，而是同樣的黑皮書，唯一的不同是這本的封皮印了燙金的十字架。「那聲音」接著說道：「這是你的書。」好久以後，我跟比爾才明白「那本書」代表著什麼。

　　儘管我對輪迴轉世之說相當反感，但我很清楚，自己所見到的許多影像，很像是不同時空裡的前世之我。我跟比爾解釋那些景象的時候，會用所有臨床心理學家都懂的「夢的象徵意義」加以解讀。但我不得不承認，隨著影像不斷出現，我之前先入為主的定見確實鬆動了一點。

　　我雖是在觀看這些重播的影像，心裡同時曉得，我也是境中的主角。在早先的某個場景裡，我曾看到一個身形瘦

小、弱不禁風的小女孩，大概身處十八世紀中期法國的一間
奢華客廳。女孩一襲白衣，彈奏著狀似大鍵琴的樂器，周圍
是一群衣著華美的男女，顯然是來參加一場隆重的社交活動
的。女孩最多十八歲，一臉病容。我自言自語道：「她太脆
弱，活不過一年了，只能坐等生命消逝。真不應該這樣，她
絕對挺不過去的。」穿著氣派的管家走出去，關上客廳門，
女孩就不見了。不一會兒，又出現了一個少女的模糊影像，
比剛才那個女孩大一點，身處密不透風的監獄，正躺在鋪滿
乾草的地上，雙手緊緊捆在一起，腳也拴在地上。她所處的
時代大概是十二世紀或十三世紀，我冥冥中知道她最終會被
處決。

接下來又出現一名修女的形象，她所在的國家和時代明
顯不同於前。其中形象最清晰的，是一名年邁的修女，患
有關節炎，整個人無精打采，極儉禁慾的艱苦生活磨得她
又瘦又病、性格乖戾、死氣沉沉。她走在教堂一側的長廊，
那教堂宏偉而美麗，樣子像極了巴黎聖母院。長廊很暗，修
女手裡拿的蠟燭也只照亮了一小塊地方。她一邊走一邊摸著
身旁的灰色石牆，好似在找一道門，更確切地說，是在找一
個出口。她沒能找到，臉上的皺紋顯得愈來愈深。「她不知
道，」我想道，「她在找，可是她不知道。」她那副冷峻嚴
厲的樣子令我反感，但她終將希望落空的結局又令我深深同
情。

　　還有一個人物，形象與這個沉悶的修女形成鮮明對比，至今我仍不時想起她，在我印象中，她是唯一不斷重現卻不曾改變形象的角色。那是一個年輕女孩，看起來不超過十六歲，但模樣和我有不少相似之處。她總是仰著頭笑，手臂伸展著，彷彿在歡迎全世界。她心裡似乎只有純然的喜樂，完全不知人間愁苦。她分明是站在嫩綠的草坪上，但她高興的樣子，就好像是飄浮在地面上似的。她所穿的淺色寬鬆連衣裙，讓人分辨不出她屬於哪個時代或國家，渾身上下看不出過去的痕跡，對未來似乎也無所掛慮，我感到時間對她的意義也與我們大不相同。

* * * * * * * * *

　　比爾開始廣泛涉獵靈異學的書籍，對凱西的通靈資料尤其感興趣。根據凱西的記錄，心靈可以憑藉超自然的途徑而互通，這一現象令比爾印象深刻，雖然科學無法給出合理解釋，比爾仍然相當重視這一現象，也經常和海倫討論。海倫覺得比爾的論調離譜得很，但她一向尊重比爾的觀點，終於答應閱讀相關的書籍。比爾為她挑了凱西之子休・林（Hugh Lynn）為凱西寫的傳記，果然激起了海倫的興趣，儘管她反感書中「裝神弄鬼」的部分，且認為某些內容有誇大其詞之嫌。比爾提醒海倫，她自己最近的一些體驗也很不尋常，

海倫挺不情願地承認了。她承認得沒錯，隨後發生的一連串事件會更難解釋呢。

（海倫）

有一天，我和比爾正撰寫研究報告，突然心頭若有所感，放下文件急忙忙說：「比爾，趕快！你的朋友艾倫，就是我們之前在芝加哥見過的那位，他正想自殺呢，我們得給他傳訊。」比爾坐到我身邊，我趕緊在心裡給艾倫傳訊，懇請他三思而後行。然後，我對比爾說：「我想，也許根本沒事，是我小題大作了。」結果我錯了，先前的預測完全正確無誤。類似的事件層出不窮，我不能不刮目相看，承認我的靈異經驗進入了新的階段。有次比爾去外地開會，他剛一回來，我就鉅細靡遺地對他描述他所待之處，那裡完全是我不曾去過的地方。他尚未開口，我就說出了他在外地的經歷；而且，他週末去朋友家留宿，那棟房子的特點我也能一一道出，甚至包括牆面和家具的顏色。還有一次，他去遠方度假，我在心裡傳給他一幅心相畫面，告訴他應該給我買什麼款式的金髮夾。他回來後果真遞給我一個髮夾，而且正是我要的那款。

說來奇怪，我對這類事件的反應可說是五味雜陳。一方面，我為這類異常能力沾沾自喜，甚至生出這類神通可能會

讓我名利雙收的念頭；另一方面，我又很害怕自己有這樣的能力，總是刻意將它輕描淡寫。有那麼一段時間，我既受通靈能力吸引，同時又害怕它，甚至開始作噩夢，不過，具體夢到過什麼，我現在全忘了。隨著離奇的事件日益增多，我不禁將它們與邪惡的巫術聯想在一起。自傲與焦慮齊頭並進，我一面感到大難臨頭，一面感到自我隨之膨脹。

當我還熱中於這類奇幻經驗時，發生了一件事，既有現實成分，也有奇幻成分，好似為未來指出一個新的方向。這一插曲富有多重的意味，最初充滿了奇幻的調調，接著呈現出明顯的宗教意象，最後以單純的現實經驗畫下休止符。醫院派我和比爾去梅歐門診部（Mayo Clinic）觀摩他們的評估程序，出發的前一晚，我腦海中浮現一幅畫面，細節清晰得令我不得不用文字記述下來。那是一幅教堂的畫面，非常醒目，而且清晰得不得了。開始時，我不確定這是哪一派的教堂，最終認定是路德派的。畫面呈俯瞰的視角，像是在低迴的飛機上看到的景象。畫面太清晰了，我一改過去謹慎防衛的心態，立即告訴比爾，我們第二天在明尼蘇達州降落的時候，一定會看到這座教堂。

結果，我們根本沒有見到那類的建築，令我大失所望，而且開始生氣。為了重建自信，我打包票，那座教堂一定在城裡某個地方。到了目的地，天色已經很晚了，我倆都很累，但比爾體諒我的心情，提議飯後租車出去找找看。我從

教堂遊覽指南中挑了幾間教堂，結果都不是。後來我直接向司機描述教堂的樣子，問他是否知道哪一間外形接近。他的回應不甚樂觀，不過我們還是依照他的建議又拜訪了幾座。最後，比爾婉言勸我別找了，已經非常晚了。回到酒店以後，他態度強硬地對我說：「你說的教堂不在這裡，這有什麼好難過的！你的反應實在很奇怪。睡吧，別想了，明早見。」

　　第二天早上碰頭的時候，我倆全都雙眼充血、滿臉倦容，夜裡基本沒怎麼睡。熬過一整天緊鑼密鼓的觀摩行程，黃昏時分，我倆疲倦地驅車回到機場。比爾去逛報刊亭，而我則坐下來，闔上眼睛，累得什麼都不想再看。正當我昏昏欲睡之際……

　　「你說的教堂在這兒呢！」比爾在我面前舉著旅遊指南上的一張照片。

　　「啊，對，就是這間！」我熱切地說，「這教堂在哪兒？」

　　「哪兒都不在，」比爾答道，「看這兒，你自己讀讀。」

　　那間教堂真的哪兒都不在了，它的原址就在梅歐門診部，建蓋醫院的時候被拆除了。

「我知道為什麼當時看到它的時候是俯瞰了，」我對比爾說，「因為它存在於過去，與飛機無關。」

言及於此，我心裡忽地害怕起來，不想再提這間教堂的事了。

那天晚上，我們中途需要轉機，在空蕩蕩的冰冷機場等候了將近一個小時。有個年輕女人縮在牆邊，顯然是獨自旅行，我感受到她心裡一陣又一陣的悲苦，就跟比爾說起她的狀況。然而，比爾勸我別找麻煩，我倆都很累了，他不想在這個時候跟陌生人打交道。他還說，說不定那位女士的苦惱是我自己想像出來的，她外表顯示不出任何苦惱的跡象，不過是睏倦罷了。然而，我對那位女士的痛苦感受一直揮之不去。終於，我跟比爾說我忍不了了，就前去和那位女士攀談。

那位女士名叫夏洛特，她說她從未搭過飛機，因此害怕得全身都僵了。「我可以坐在她身邊握著她的手嗎？」隨後我帶她到比爾那兒，表示想要把夏洛特的機位安置在我倆之間，這樣她兩邊就都有朋友了。比爾答之以禮，心裡卻不快活，這趟旅途很辛苦，他自然希望歸途能平安無事。飛機起飛的時候，夏洛特緊張得直發抖，我握住她的手，她很快平靜下來。她很需要傾訴，自言道，好一陣子來感到整個人生都在將她「左右夾擊」，於是她索性離開丈夫和三個孩子，

前往她唯一能想到的地方——紐約市。她的準備實在很不周全，只帶了一小箱的衣物就上路了，連到了紐約當晚住哪兒都沒個譜。可是，她說她並不擔心，她身上有幾百塊錢，而且因為是路德派教徒，她相信只要在紐約市找家路德教會，就會有人照顧她了。我和比爾互相看了一眼。她的話給我們的訊息不言而喻，我彷彿聽到：「你們相互扶持，才是我真正的教會，不是你先前找的一座教堂而已！」

比爾一開始並不想與夏洛特扯上關係，後來不得不與我共襄盛舉，一到紐約，就幫她聯繫女子賓館。我們一起坐計程車帶夏洛特過去，送至前門，留下了姓名電話。此後我們與她的互動頗為頻繁，比爾白天能「撞見」她好幾次，而且她幾乎每天晚上都來我家。在紐約待了一週以後，她決定打道回府，我和比爾為她安排了返程事宜。第二天，我給她打長途電話，她說自己平安到家，很高興回來，但希望有朝一日能重遊紐約，大家對她太好了，她真高興世人對大城市的負面評論全是假的。後來，我和夏洛特通訊了好多年，我一直感激她出現於我的生活中。與她相處的經歷，好似為我長達三個月的「靈異幻術期」的休止符作了預備。

眼看就到秋天了，那是個漫長而磨人的夏季。比爾還在熱中凱西的資料，提議我倆一起請假到弗吉尼亞海灘採訪一下。我對那類事不僅缺乏興趣，甚至感到恐慌，不希望真有其事。我不知道自己究竟發生了什麼事，這已經夠糟了，我

實在不想繼續玩弄這不祥的特異功能，恨不得能「自廢功夫」。儘管如此，度假幾天是個好點子，我丈夫也知道我很疲勞，舉雙手贊成我去，何況當時正是一年之中最適合旅行的季節，他認為這趟旅行有益我的身心。他和比爾早已成了朋友，雖然感到比爾有些古怪的嗜好，不過他知道比爾會好好照顧我的。我懷著一點忐忑不安的心情前往弗吉尼亞海灘，但仍期待好好享受假日時光。

　　結果這趟旅行一點也不休閒。「心靈啟蒙暨研究學會」當時規模尚小，只有一小撮人致力於整理凱西的通靈記錄，期待有朝一日能公諸於世。這群人才智顓高，待人真誠，看起來也挺正常的，他們整理出來的大量資料也不容小覷。凱西的兒子休‧林身為機構主管，熱情好客，非常照顧我們。我覺得他們很了不起，但心裡仍然非常不安。比爾興趣愈濃，我的焦慮就愈深。他一整個下午都在讀相關的內容，還買了好幾本書準備深入探究。我飛快地翻閱了其中一本，看得我發慌，趕緊將書丟開。旅程結束時，我如釋重負。回家以後，我面對比爾買的那些書，就是讀不下去，深恐這些書再度觸動我靈異幻術的神經。

　　接著，我在一次非常清晰的靈異景象中，作出了一個不可逆轉的決定，沒想到竟遽然終結了這一「靈異幻術」的階段。那次的景象非常清晰，我看到自己從刮著大風的陰冷海岸進入一個岩穴，裡面只有一大幅古老的羊皮卷軸，它的左

右兩側捲著沉甸甸的鑲金木桿，一直捲到中間，用線緊緊綁在一起。我費了些工夫解開繩子，打開到卷軸剛好露出中間的部分，只見上面寫著兩個大字「GOD　IS」（上主本來如是）。我繼續展開卷軸，逐漸露出兩側密密麻麻的小字，這時，我先前「聽」過的那一寂靜靈音開始為我解說眼前的情景。

「你若看向卷軸的左邊，會讀到過去，」那聲音說道，「你若看向卷軸的右邊，會讀到未來。」

兩側的小字愈發清晰，我頓了一下，立刻捲起卷軸，只露出中間的部分。

「我對過去和未來都沒有興趣，」我斬釘截鐵地說道，「我只要中間這一塊。」

「那聲音」欣慰地說：「這次你終於做到了，謝謝你。」我聽了也很欣慰。

這故事看來「好似」到此為止了。

＊＊＊＊＊＊＊＊＊

此後，海倫又有過好多次當年在地鐵中的奇妙經驗，只不過感受沒有當時那麼強烈。這類經驗通常只發生於人群當

中，縱然稍縱即逝，但是海倫卻能在眾人之間體會到很深的一體相通之感。

（海倫）

　　一個夏夜，我正和丈夫在擁擠的海濱人行道上散步，猛然覺得自己與所有人都特別親密，而且心中非常肯定，大家都在朝著共同的目標前進。還有一回和比爾、路易在劇院看戲，我坐在黑暗中，忽地感到身內有股璀璨的光從胸口冒出，逐漸變亮、擴散，直到照亮了整個劇院、籠罩所有人。這光芒在我的覺知中延續了十多分鐘，令我心中充滿了極深的平安和喜樂，我當時幾乎無法相信，其他人對此光明竟然毫無知覺。

　　不久以後，類似的狀況再度出現。我和比爾在法國南部開會的某個晚上，我剛要睡著，心中忽然升起一股不可思議的力量和喜悅感，仍是從胸口開始，上行到頭部，接著延伸到手臂。在那幾分鐘裡，我感到自己好似一伸手就能觸碰整個世界。後來，我又有一次截然相反的可怕經歷，就在返回美國的前一天晚上，我很睏倦，躺在床上歇息，準備過一會兒盥洗就寢。萬萬沒有想到，一股怒氣狠狠地衝出，令我猛地從床上坐起來，渾身發抖。這兩次的經驗簡直是天差地別，好似一個是天堂，一個是地獄。其實，如此強烈的反

差，於我而言並不陌生，那個以助人為己任的「善良」女祭司，和揮矛殺人的「邪惡」女祭司，就象徵著類似的對比。

　　只有一次經驗是我主動求來的，那次我心情不好，想要振作起來。我收到的答覆是一幅苗圃的畫面，我看到一排一排整齊的幼苗，每一棵都掛著標籤，顯然有人在悉心照料。植物旁邊放著一個大大的澆灌壺。這幅畫面對我實在起不了什麼作用，反倒令我心生反感。

　　「看起來挺美好的，」我嘟噥著說，「可是它對我有何幫助？」

　　「看看幼苗長在哪兒。」那寂靜的「聲音」答道，現在我對它的出現已經見怪不怪了。

　　我仍然感到憤慨，問道：「它到底有什麼含義？」

　　「看—看—幼—苗—長—在—哪—兒。」「那聲音」一字一頓地重複道。

　　「唉，好吧。」我回答道，心裡仍然有些鬱悶。我仔細地瞧了瞧這幅畫面，發覺原來苗圃周圍盡是貧瘠、了無生機的荒漠，唯獨這方苗圃潤澤而富有綠意。

　　「總算可以開始了，」「那聲音」說道，「你會繼續澆灌的，是吧？」

我情不自禁地承諾，我會盡力。

還有幾次短短的經驗，扭轉了我的時間意識。最引人入勝的當屬那一晚，我正梳著頭，心情鬱鬱寡歡，忽然，我看到一條代表我生命的金線，前後兩端無限伸展。這條金線上有一小小的凹點，我知道那代表了我這一生。那一點好小，微不足道得有些可笑。我高興地撫掌稱慶。

「一眨眼的工夫，能有什麼大不了的？」我驚喜地自問道，「你身在其中，才覺得它漫長無比，而且性命攸關，其實一切比瞬間還要短暫，彷彿不曾發生過。」在那幾分鐘裡，我對此信心十足，內心如釋重負。

第四章

　　下文記敘的事件，發生在短短的幾個月內。1965年，就在九月的某一天，海倫對比爾說，她預感自己要做出某種非比尋常的事來，可是又不曉得到底是什麼事，只知道它馬上就要發生了。這種不確定的感受讓她很不安。由於海倫一從弗吉尼亞海灘回來就開始寫日記，比爾建議她，日後但凡與那「非比尋常的事」有關的，不妨都記錄下來，也許能夠從中找到線索。起初，海倫試了幾次，卻抓不到一點線索，就快打退堂鼓。然而，就在十月的一個晚上，她坐在臥室裡，突然間，那個很熟悉的內在聲音，開始給她具體的指示了。

　　她嚇壞了，連忙打電話給比爾。「我心裡那個聲音，老纏著我不放！」

　　「它說了什麼？」比爾問道。

　　「它不停地說，『這是闡釋奇蹟的課程，請筆錄下來。』我該怎麼辦？」海倫求助道。

比爾平靜地鼓勵道：「那就記錄下來嘛，就用妳的速記法。」

「但是，」海倫反對說，「萬一它根本都是胡扯呢？那表示我真的瘋了。」

「海倫啊，我跟你說，」比爾不理會海倫的反應，「我們去過羅徹斯特〔譯註〕以後，我就一直在讀某些資料，只是沒跟你提起，因為你一向對那個領域嗤之以鼻。但是，確實有很多人，有些還是名人，他們的創作靈感就是由某種神秘的途徑而來的，愛因斯坦也說他的靈感是這麼來的。當然還有偉大的劇作家，更別說神秘主義詩人了！」

「我不是神秘主義詩人，」她抗議道，「我是心理學家，不信那套。」

「反正你也趕不走那聲音，何不乾脆記下來？明天你提早一點兒，趕在其他職員上班以前到我辦公室來，我們一起看看。」

「如果全是胡說呢？」

「那就撕了，誰也不會知道。」

「你說話算數？」

〔譯註〕羅徹斯特是「心靈啟蒙暨研究學會」的所在地。

「說話算數。」

海倫掛上電話，到客廳跟路易說，自己要在臥室處理一些工作，很快就出來。她關上臥室門，熄掉大燈，坐在椅子上，在檯燈微弱的燈光下，開始諦聽。她第一晚聽到的就是下面這段話：

> 這是闡釋奇蹟的課程。是一門必修的課程。只有投入時間的多少是隨意的。隨自己的意願並不表示你可以自訂課程。它只表示在某段時間內你可以選擇自己所要學習的。本課程的宗旨並非教你愛的真諦，因為那是無法傳授的。它旨在清除使你感受不到愛的那些障礙；而愛是你與生俱來的稟賦。與愛相對的是恐懼；但無所不容之境是沒有對立的。

> 因此，本課程可以簡單地歸納為下面這幾句話：
> 凡是真實的，不受任何威脅；
> 凡是不真實的，根本不存在。
> 上主的平安即在其中。

「那聲音」還想繼續，但海倫已經驚惶得聽不下去了，趕緊闔上速記本，放到每天上班帶的公事包裡，然後到客廳跟路易說她要睡了。

第二天早上，比爾七點半便來到了醫院，比平時早半個小時。那時海倫已經到了，情緒非常焦躁。

「比爾，我不知道該怎麼辦，我真不知道該拿它怎麼辦。」

比爾叫海倫把所記的內容唸給他聽，由他負責打字，因爲「我打字你比強」。海倫強作鎮定地讀了，只是一反平常地結結巴巴。比爾說：「聽起來很有意思，就這些嗎？」

「不止，」海倫答道，「它好像還想繼續，但我沒敢聽下去。」

「這些話是從哪兒冒出來的？」

「很難形容，」她答道，「不是我幻想出來的，絕對不是，因爲『那聲音』不是來自外面，純粹在我心裡；而且並非實際的聲音，字句在我腦海中呈現，非常清晰。照你的話講，可說是一種秘傳（inner dictation）。」

「你知道自己在寫嗎？」比爾問道，「還是說，你始終在無意識的書寫狀態？」

「啊，不是，絕不是無意識的，我完全清楚自己在做什麼。」

「今天晚上再試著記一些吧，」比爾建議道，「看看會怎樣。」

「我記不下去了，」海倫答道，「這件事讓我很不舒服。」

　　儘管海倫不想筆錄下去，卻沒辦法把內在聲音關掉。那天下午，她剛一掛上電話，「那聲音」便又開始了。海倫猛地跳起來，衝到比爾辦公室，告訴他「聲音又來了」。比爾再次安慰她沒什麼好怕的，並說眼下最好的辦法就是「儘管記錄下那些話」，免得愈抵制它，心裡愈不安。

　　海倫就此跟比爾爭論了將近半個小時，表明自己一點也不想做這件事。即便她一再重申這一立場，「那聲音」竟然在比爾講話的時候輕輕冒出來。海倫拿它沒辦法，只得同意記錄，但她補充道：「我得先搞清楚內容是什麼再說。」

　　沒過十五分鐘，海倫就知道「內容是什麼」了，因她一回到自己的辦公桌，那聲音就傳給她《奇蹟課程》〈正文〉的開頭──她所聽到的正是「奇蹟原則」：

1. 奇蹟沒有難易之分。一個奇蹟不會比另一個奇蹟「更難」或「更大」。它們全是同一回事。全都表達了愛的極致。
2. 奇蹟本身無足輕重。重要的是它的終極源頭，它的價值超乎人間的評估。
3. 奇蹟是愛的自然流露。真正的奇蹟在於那能激發奇蹟的愛。為此之故，凡是出自愛的就是奇蹟。
4. 所有的奇蹟都充滿生命，上主則是生命的賦予者。祂的天音會明確而具體地指引你。祂會告訴你該知道的一切。

5. 奇蹟是種習性，應是無心而發的。它不受意識的
   控制。有所揀擇的奇蹟容易受到誤導。

6. 奇蹟原是最自然不過的事。當它匿跡不現時，表
   示你的生活出了問題。

電話突然響起，那聲音便停了下來，直到海倫晚上回
家，它才繼續通傳「奇蹟原則」，接上之前停在的第七條。

那天晚上，海倫把〈正文〉開頭的五十條奇蹟原則全部
記了下來。她雖然不肯回過頭來讀讀自己寫下的內容，心中
卻暗暗吃驚。她根本不曉得《奇蹟課程》到底是什麼玩意
兒，以為內容只有這五十條原則而已，可是她卻很清楚，這
套資料來自一位異乎尋常的權威，那是她在理性上從來都不
願相信的。

＊＊＊＊＊＊＊＊＊

就這樣，《奇蹟課程》的通傳工作正式開始了。這部書
總共花了海倫七年半時間，耗用了她一百多個速記本。記錄
過程中，海倫的心態始終極端矛盾，她一方面很氣那聲音，
想盡辦法抵制筆錄工作，尤其在筆錄初期，因為非常害怕它
說的內容，非得克服極大的抗拒才進行得下去；另一方面，
她雖然特別討厭那聲音老來攪擾她，卻又從未真的想過撒手
不幹。

記下五十條奇蹟原則後，海倫每天早上都會比其他職員早來一小時，到比爾的辦公室繼續進行這份工作。多虧比爾兩年前選了這兩間僻靜的辦公室，而今他們不用擔心閒雜人等前來打聽他倆在忙什麼。儘管如此，隨後的七年半，每次他們在比爾辦公室審閱海倫前一天的筆錄內容時，還是會把門鎖上。

那天早上，比爾叫海倫大聲朗讀她記的內容，以便他打出來。然而海倫卻幾乎講不出話來，第一個句子才唸了一半就開始咳嗽，咳了五分多鐘。接著，她又沒完沒了地清喉嚨裡的痰。過了一個多小時，她僅僅唸出了前十八條原則，而此時比爾已不得不離席赴約了，兩人於是約好下班後再試著把資料整理出來。

當天下午，在海倫一陣陣結巴、呵欠、咳嗽之後，比爾終於將五十條奇蹟原則完整地打了出來。他把原稿交給海倫，自己則帶了份副本回家仔細研讀。他意識到，倘若上面的話都是真的，那麼他過去所相信的一切就都是假的了。心中驚訝之餘，還有不祥之感，他若把那些話當真，心靈必會被搞得天翻地覆，恐怕自己無力承受這麼大的衝擊。他想起自己先前想找的「更好的一條出路」，感到這份資料就是應他請求而來的答覆。雖然他不曾臆測答案會是什麼，卻沒料到答案會以這種方式到來，心中充滿了疑慮，但又覺得自己至少應先放下質疑，畢竟這套資料是應他之請才來的。況且

他剛才讀後，確實感到這五十條原則道出了許多眞理，而且讀起來莫名地熟悉，雖然這些原則與他意識層面的思想體系有不少矛盾，與他過去學來的那一套更是毫無相似之處。

那天晚上，比爾給海倫打了通電話，問她怎麼看這五十條原則。海倫說她根本沒有回過頭去讀，也沒興趣讀，自己雖然勉強答應筆錄，卻不代表就得讀它、思考它、討論它、相信它。她又補充道，「那聲音」當晚還在繼續，依照眼下的情形，他倆最好調整日程安排，以便每天早上七點按時到辦公室碰面。

先前的情境又在第二天早上重演了，不過，海倫在一頓咳咳嘆嘆、抱怨「眼睛看不清筆記」以後，總算唸完了前一天記錄的內容，比爾也打字出來。接著，比爾告訴海倫，他必須把打印稿讀給她聽，這樣才能確定自己沒有打錯。海倫雖然抗議說她不想聽，但她自己清楚比爾的提議有理，便同意聽下去：

啓示能暫時卻徹底地消弭人的疑慮及恐懼。它反映出上主及造化之間原始的天人相通之境，這種關係會給人極其私密的創造感，致使人們企圖透過肉體關係追求這種感覺。然而，肉體的親密是不可能達到這一境界的。相形之下，奇蹟則建立於道地的人際關係之上，幫你跟人建起眞正的親密關係。

　　聽到這裡，海倫中途打斷，叫比爾重來一遍。比爾問為什麼，海倫說：「我好像聽不清你說什麼，只看見你嘴唇在動，可是一個字都聽不見。」後來那些年，每當比爾為海倫朗讀剛剛打出來的內容，海倫老犯這個毛病，不過比爾總能設法把當天的內容跟海倫過上一遍。

　　打從筆錄之初，海倫和比爾就覺得這部資料觸目驚心，但是，比爾不得不承認，它的內容本身毫無威脅的味道，只因它無法與自己原有的思想體系相互並容，才會倍感威脅。而且，資料所採用的宗教術語，以及字裡行間所暗示的秘傳者的身分，不僅比爾難以接受，海倫更是如此。自稱是無神論者的她，很清楚這部資料來自耶穌，因為《課程》是以第一人稱述說的，且在某一段提過：

> 耶穌基督之名本身只是一個象徵而已。它代表的是超乎世界之上的愛。你可以安心用此象徵來取代你所祈求的任何神明。……本課程就是出自於他，因為他知道如何以你喜愛又熟悉的語言與你相通。

　　截至筆錄第十天，比爾已打出了十四頁的內容。然而，他第二天早上跟海倫碰面的時候，海倫卻沒帶任何新的資料。他倆不曉得《奇蹟課程》是什麼東西，也不知道有多長，因此比爾以為《課程》到此結束了。但海倫說沒完，只是在弄清楚這些資料的用意以前，她不想再筆錄下去了。比

爾深知海倫的個性，給了她一個很實際的建議，就是直接向那聲音求解：「它要是不告訴你，表示它無意讓你繼續下去。」海倫認為言之成理，同意晚上問問看。以下是她收到的答覆：

> 世界已經到了岌岌可危的地步，天涯海角均有人聽
> 到上天的召喚，為一既定的計畫各盡一己之力。傳
> 遞《奇蹟課程》的訊息，是我答應履行的任務，而
> 你也會發揮「經年累世」練出的特殊能力，盡你那
> 一部分的責任，縱然你尚未準備妥當，只因當今情
> 勢已至千鈞一髮，逐步漸進的進化過程不能不改弦
> 易轍，這一趨勢不妨稱之為「神聖的加速進化過
> 程」（celestial speed-up）。

海倫感到這番「解釋」透露出事態迫在眉睫的意味，只好拋開自己對訊息內容的個人之見，一反常態地回過頭來把這訊息讀了一遍，讀完之後，彷彿明白了，冥冥中在某個自己所不了解的層面，她已經志願承擔這份工作了。

她對自己的反應也大惑不解，她還準備把速記本丟進垃圾桶呢！這一轉變勾起了某種遙遠的回憶，她好似承諾過：「天父，我當然會去，反正只是瞬間的光景。」

儘管如此，海倫還是不甘心，又搬出了一個推辭的藉口。「為什麼選我？」她問道，「我不信宗教，對那類問

題一竅不通，而且根本不予置信，我大概是最不堪的人選
了！」

　　答覆來得毫不含糊：「正相反，你是最佳人選，這可說
是最佳的選擇。」

　　「可是為什麼呀？」她痛苦地說，接著聽到一個無可置
疑的答覆：「因為你會做到底。」

　　海倫啞口無言，她知道那聲音說得沒錯，她知道自己會
做到底。從那一刻起，《奇蹟課程》的前途就已註定：即便
海倫還會不斷高聲抗議，但她畢竟會善盡「筆錄」之職。

　　　　　　　　＊＊＊＊＊＊＊＊＊

　　儘管海倫筆錄《奇蹟課程》一事有幾分命中註定的意
味，但她始終做得心不甘情不願。筆錄兩週以後，有一天早
上，比爾把打印稿從打字機取下，依照先前和海倫制定的
流程，為她讀了一遍，問她是怎麼理解其中一句話的。海倫
說，她根本沒聽到整句話，只留意了單字是否有誤，至於這
套訊息的內涵，她一點興趣都沒有。接著，她告訴比爾，她
認為他倆最好分工合作，由比爾負責閱讀並檢查，自己則負
責檢查行文風格，確保文法及用詞正確，這是她唯一在乎的
事。

　　比爾曉得，這套資料所傳達的訊息令海倫深感威脅，但他也曉得，憑海倫的求知慾，她遲早會忍不住探究這套資料的真義，所以比爾預測，要不了多久，海倫的理性就會戰勝恐懼，她會像自己一樣，全心投入資料的內容。然而筆錄進行了好一陣子，比爾的猜測只應驗了一部分：海倫雖然對資料內容一清二楚，但只要一和比爾討論其中深意，就會極端不自在，這一情況持續了將近一年。

　　在此期間，比爾為了幫海倫克服不安的心情，提議跟「心靈啓蒙暨研究學會」的休・林聯繫，給他看看海倫記下的資料。果不其然，海倫立刻反對，認為把資料外洩，很可能危及二人的職業生涯。經過幾週的安撫，比爾終於勸服了海倫，聽聽休・林對這套資料的看法，對他們這項工作還是有益處的，畢竟休・林一直從事這方面工作，相當熟悉這類超自然經驗。海倫終於同意比爾把筆錄內容給休・林看，唯一的條件是他們的聚會務必徹底保密。

　　比爾對超自然領域的探索不曾中斷過，故與「心靈啓蒙暨研究學會」一直保持著聯繫。自從那次和海倫拜訪弗吉尼亞海灘以後，比爾和休・林偶爾會用電話聯繫，所以安排會面並非難事。

　　他們趁休・林來紐約作客時，安排了一次聚會，海倫幾乎帶上了她當時所記下的全部資料。由於比爾在電話上已經

把海倫筆錄的前因後果講了個大概，所以休・林無需更多介紹，寒暄幾句之後就提出能否看看打字稿。他一頁頁地翻閱，愈看愈入迷，他的回饋顯示出他深受筆錄內容吸引。

　　過了一會兒，他放下打字稿，讚歎地搖著頭說：「了不起！這絕對是天啓而來的作品。」他接著說道，有些內容和他父親在出神狀態所傳遞的靈性訊息頗為近似。

　　由於比爾曾向休・林透露，海倫一直為自己這類經驗而「苦惱」，於是休・林特地告訴海倫，他懂得海倫面臨的壓力，且保證自己知道她現在的處境有多不容易。「但是，」他說，「看來你是受了上天的選召，你顯然是靈魂層次很高的人，我只希望你也能像我這樣看待你自己。」

　　這次與休・林的會面，雖然沒有幫海倫解脫苦惱，但休・林的鼓勵多少安撫了海倫。往後的筆錄過程，即使海倫依舊不是很定得下來，但至少沒以前那麼不安了。

＊ ＊ ＊ ＊ ＊ ＊ ＊ ＊ ＊

　　那聲音幾乎日日都向海倫通傳，有時一天會傳上好幾回。通傳的時機從不會和海倫的工作或社交活動衝突，總是挑海倫有足夠的空間、可以不受干擾地書寫之際。於是乎，海倫幾乎隨身帶著速記本，「以防萬一」。

　　當然了，帶著速記本，不表示她筆錄的時候就不抗議了。不僅如此，她還經常拒絕配合，尤其是在筆錄的前期。但不久她便發現，只要她不軟化態度而乖乖記錄，她心裡就安不下來。明知如此，她仍會時不時抗拒相當長的時間。一旦發生這種狀況，通常都要靠路易在旁敦促，海倫才肯重新拾筆。路易十分清楚，海倫只有善盡筆錄職責，才可能平息心中的焦慮；他還進一步勸服海倫，老是跟這件不可迴避的事抗爭，只會損害他們兩人的關係。

　　那聲音似乎偏愛在夜間傳訊，而海倫卻堅決反對晚上筆錄。由於她筆錄的形式並非自動書寫，始終需要全神貫注，而她討厭好好的夜晚就這樣被侵佔。常常，海倫會臨時「起義」，什麼都不寫便去睡，但每次她都睡不著，最終只得憤憤地起床，照常筆錄。有時，她因為睏倦，只寫上幾段就回床睡了。然而，第二天早餐以前，她通常不得不繼續前晚未完成的部分，有時會在上班途中寫完，有時則拖到白天工作之餘的零碎時間完成。她下筆之初，完全不知道會如何結尾，而且訊息來得相當快，即便她結合了自己多年來靠課堂筆記和會診記錄所學來的速記法和縮寫法，仍很難跟上傳訊的速度。

　　筆錄過程即使被打斷也不會受到影響。上班時，海倫可以隨時放下速記去接電話、跟病患會談、指導新職員，甚或應付層出不窮的突發事件。等她再回頭筆錄時，完全無需檢

查剛才停筆之處。在家時,她可以中途停下和路易談天、和朋友說地,或者打個盹再回去筆錄,行文絲毫不受影響。不論先前停在段末或句中,也都沒有關係,好像那聲音時刻都守候在旁,只等海倫一有空就繼續開工。也因此,不論是在家、在辦公室、公園長椅上、計程車、巴士或地鐵上,海倫的筆錄都能信手拈來,周遭的人絲毫干擾不到她,只要筆錄的時機一到,外面的環境似乎就與她毫不相干似的。

　　至於這部資料到底有多長,海倫和比爾心裡都沒譜。於是,海倫聽寫了兩個月之後,問〈正文〉到底有多長,收到的答覆是:等她一聽見最後的「阿們」,便知道〈正文〉完結了。

　　這番答覆令海倫特別不滿,她對比爾說,如果「那聲音」就用這副態度跟她合作,她徹底不幹了。比爾也不跟她爭論,只說,如果她改變主意了,就跟他說一聲,他才好安排時間,繼續像往常那樣提早到辦公室聽打資料。

　　那天晚上,海倫回到家裡,決心不去聽那聲音的話了。然而,她睡得一點都不好,第二天到醫院上班,情緒很低落。比爾絕口不提《課程》的事,只談跟她研究工作和計畫有關的事務。

　　過了三天,海倫才承認,她的失眠和焦躁顯然和拒絕筆錄一事脫不了干係。終於,在凌晨三點,海倫重拾筆記本,

那聲音便在它三天前暫停之處繼續下去。

　　這類插曲後來仍不時重演。海倫其實明白，只要她拒不筆錄，就會消沉不已，可是她依舊時不時用「辭職不幹」來威脅那聲音，最長的一次罷工將近一個月。不論狀況如何，比爾從不認為海倫可能完成不了任務，海倫自己也很清楚，自己的「發作」不過是一種拖延戰術而已。

　　隨著資料不斷輸入，比爾在學習的過程中發現自己缺乏靈修及神祕學的背景，以至於《課程》的許多內容及含義對他而言顯得相當陌生。此外，因他一向把靈性教誨與正統宗教聯繫在一起，又不了解神祕學派的傳承，以為若要嚴肅評估這部《課程》，就得臨時抱一下佛腳，補修一下宗教以及神祕教派的修持方法，因他明顯感到，《課程》雖非宗教，卻仍然建立在形上的基礎上。

　　也因之，比爾即刻開展閱讀，狂吞海納，舉凡能找到與神祕學修持有關的書籍，他都一一拜讀。慢慢地，這些書累積成一座大型的藏書閣，他試圖和海倫分享藏書，但海倫一本也不看。她對比爾說，自己沒興趣讀神祕學資料，然而她顯然很高興比爾在做這件事，因為她從比爾那裡聽得愈多，心裡就愈加釋然，原來自己做的並非那麼離經叛道，而是和東西方歷史上最深奧的哲學及靈性教誨一脈相承。

　　他們的晨間打字工作進行了約莫六週以後，海倫留意

到，比爾的打字機裡以前只放一張複寫紙，現在卻放了兩張，便問他緣由。比爾告訴她，好多個月以前，有位同事想和自己聊聊宗教話題，當時他表示自己對宗教和靈性的探索不感興趣，故也沒什麼好聊的。「但是現在，」比爾對海倫說，「我覺得應該讓約翰知道這事，我們可以和他分享這部資料。」

什麼！海倫當場翻臉，嚴加反對，認為兩人現在所做的事，從心理學角度來看是很有問題的，要是讓同事發覺，大家會以為她瘋了，兩人的工作也就保不住了。比爾向海倫保證，約翰對宗教哲學特別有研究，不會讓其他人「發覺」此事的。再說，和約翰討論，對比爾自己和海倫都會大有裨益的。雖然海倫仍有顧慮，不過比爾還是勸服她，跟約翰共享資料是正確的決定。

當天上午，比爾去約翰的辦公室，向他說明最近發生的一切。約翰顯然很感興趣，渴望看看這部資料。

從此，每天早上八點，約翰都會到比爾的辦公室，看比爾剛剛打出來的第二份副本，然後比爾大聲朗讀，兩人再一起討論，直至約翰不得不去處理公事為止。由於約翰是南方浸信教會背景中長大的，加上在宗教領域可說是博覽群書，所以他提供的見解，每每能幫助比爾正確解讀這部資料。

隨著比爾不斷深入這部資料並且不斷和約翰探討，他愈

發確定，《課程》的確是天啓而來的殊勝大作，而且對於帶給人類莫大痛苦的人際關係特別有療癒之效。隨著〈正文〉的篇幅增長，比爾深深領悟這確實是應他請求而來的援助，因這部資料爲自己指出了一條明路，一條活在人間「更好的路」。

第一個下手處，顯然是自己和海倫的關係。比爾認爲他倆若能改善關係，其他的關係也必會獲得療癒。然而，當比爾婉轉地向海倫提出，這部資料也許可以改善他們兩人的關係時，海倫的反應可一點也不婉轉，她斥責比爾過於天眞，並把她眼中比爾的過失和缺點通通數落了一遍。比爾聞之，自動反彈回去，開始指責海倫種種的不是。如此這般，又回到了這些年來的一貫模式。

幸好，比爾很快就想到他提起此事的初衷，立即停止了攻擊和防衛。不一會兒，海倫也總算軟化下來，同意和比爾討論《課程》的某些觀念，以便進一步深入，並試著運用在彼此的生活中。

然而，這一目標絕非易事。一方面，海倫仍舊非常抗拒這類的分享討論，另一方面，比爾雖然十分關心海倫，卻看不慣海倫的若干行徑和個性。不過，這並不意味著兩人的關係沒有一點改善，只要是與筆錄《課程》有關的事，他們的關係便能出現「奇蹟般」的進步，絕不誇張。在共事筆錄的

過程中，他們從未發生任何齟齬或衝突，可以說，彼此搭配得天衣無縫，好似真的在聯袂打造聖物一般，容不得彼此個性上的衝突來攪局。每當讀到《課程》特別優美動人的章句時，他們的關係好像就在那一刻徹底療癒了。

第一次出現這種狀況，是〈正文〉進行到將近一半之時。有天晚上，海倫正在聽寫，忽然發現完全不了解當下所聽到的話，她的第一反應就是害怕自己終於失去了理智，因而變得極端焦躁。她向那聲音抗議，說它講的話沒道理，而那聲音只是心平氣和地叫她先把聽到的記錄下來，等第二天早上，那一段話的意涵便會昭然若揭的。海倫仍然無法安心，但還是把聽到的話記了下來，儘管她認定筆下盡是一派胡言。

到了第二天早上，她一見比爾就把自己最深的恐懼告訴了他，說那聲音雖然再三向她保證，但她相當肯定自己即將唸給比爾聽的內容毫無道理可言。

海倫為比爾唸出前一夜記下的內容，比爾反過來又唸給海倫聽，聽得海倫又擔心又悸懼。只聽比爾讀道：

> 天父，寬恕我們的幻相吧！幫助我們接受自己與祢的真實關係；這關係內不夾雜一絲幻相，幻相也永遠無法侵入這一關係。我們的神聖性就是祢的神聖性。祢的神聖性既然圓滿無缺，我們裡面還有

什麼需要寬恕的？遺忘之夢不過表示我們還不願憶起祢的寬恕和祢的愛而已。願我們不再陷入這種誘惑了，因祢無意試探自己的聖子。願我們只接受祢的禮物，也只讓祢的創造與祢的所愛進入我們的心靈。阿們。

比爾的聲音開始顫抖，幾乎無法終篇，他轉向海倫，竟發現她已淚流滿面了。兩人當即懂得，海倫前一晚所不願領會的，正是《課程》版的「天主經」。兩人一句話都說不出來，卻體會到一種前所未有的合一之感。

* * * * * * * * *

〈正文〉的筆錄工作又進行了一年，在此期間，比爾一直試著把《課程》的原則運用在所有的人際關係上。雖然他的院系依舊缺乏運作資金，也無法找到當權者幫他改善辦公環境，但他在醫院的人際關係，以及職員間的人際關係，都有顯著的改善，不僅競爭性降低、配合度提高，整體氛圍也讓人感到舒服。比爾自然將之歸功於《課程》的教誨，以及自己願以不同的眼光看待一切事物的決心。

但是，有那麼一個區塊，比爾始終無法看到穩定發展的正面效果，那便是他和海倫的朝夕相處。不論是一起寫學術

論文，還是撰寫經費申請報告，甚或吃午飯這種小事（凡是
工作日他們都一起吃午飯），他倆還是不能，或者說不願放
下舊有的眼光，重新看待對方。他倆可以滿腔怒氣地批評彼
此的論文、朋友、習性，一吵就是幾個小時，不過，一碰到
工作和生活上的問題，他們都能為彼此提供最切身而具體的
援助。若非海倫的種種建議，比爾絕對無法把院系的行政效
率提升到現有的水準，雖然他挺不情願採納海倫的建議。同
樣的，若非比爾始終如一地支持海倫的專業，海倫甚至沒法
留在醫院，她的臨床研究更不可能做得如此出色。

就在比爾處理「難纏」的人際關係成效日益彰顯之際，
海倫卻更不願意把《課程》原則運用在生活上，這無疑是因
為她始終不甘放下內心的抗拒之故。在那七年有餘的筆錄過
程，初期那種極端驚恐的心情的確漸漸減輕了，然而她心裡
的某一部分就是不許自己全心全意充當那聲音的管道。好幾
次筆錄時，她感到神魂超拔般的莫名喜悅，但這樣的情況並
不多見，且通常都很短暫。多數時候，她都活在懷疑、擔
心、說什麼也不肯相信的心態之中。

不管兩個人的關係如何緊張或對立，唯獨在筆錄這方
面，比爾始終毫不猶豫且毫無保留地支持海倫，在她失魂落
魄時安慰她，在她冥頑不靈時遷就她。海倫的丈夫也非常支
持她。她在家筆錄了幾週以後，路易問她在忙什麼，海倫雖
然擔心路易的反應，但還是說出了實情，沒想到路易不僅包

容此事，還非常鼓勵她，雖然他起初讀到筆錄內容時感到不安（也因此，海倫後來就不給他看了），但他仍然非常支持海倫投入這一工作，而且他不像海倫，不覺得聽到聲音及筆錄下來有什麼好大驚小怪的。可以說，若是少了這兩位男士的支持，海倫絕對不可能完成任務的。

當海倫漸漸不那麼抵制筆錄的內容時，她開始不時改動她認為不合前文基本觀念的詞。然後，她又有股衝動想把它們改回原文，通常忍不了幾天就改回去了，否則她就會為此心神不寧。從那當中，海倫很快明白了，原文的遣詞造句其實相當講究，並不是隨意為之的。有時，海倫以為與前文內涵不一致的某個詞，到了後文竟然自有解釋，而且顯然的，該處必須用那個詞，前後文才能承接無間。還有一種情況，就是海倫不知道後文會再次提起的某些專門術語，她若是忍不住依自己的感覺擅自改動，反倒破壞了前後思想的連貫性。

筆錄了兩年後的某一天，海倫發覺，她記下的文句具有詩體的特質。她翻閱近期在本子上記下的篇章，對比爾說，最近的內容大都是以莎士比亞那種「五步抑揚格」的無韻詩體呈現的。「比爾，你覺得我們的記錄中有多少是這種詩體？」她說道，「我最愛詩歌了。」

比爾拿起打印出來的五百多頁書稿，快速瀏覽了一下。他驚奇地發現，原來許多篇章都是用這種詩體寫成的，自己

過去幾個月一直在聽、打、讀這樣的資料，卻渾然不覺其中的節律，令他有些難以置信。當晚，他從頭讀給自己聽，發覺開頭的確是散文體，那麼，到底是從哪兒開始變成無韻詩體的？他一頁頁快速翻閱，終於發現，原來無韻詩體是在不久以前才出現的。他重新朗讀這些字句，很快就發現，只要把握了節律，內容便顯得更加優美、更啓發人心了。他打電話告知海倫自己的發現，並給她讀了一段：

Let us be still an instant, and forget
all things we ever learned, all thoughts we had,
and every preconception that we hold of what things
mean and what their purpose is.
Let us remember not our own ideas
of what the world is for. We do not know.
Let every image held of everyone
be loosened from our minds and swept away.

（且讓我們安靜片刻，

忘卻所學的一切，

放下一切念頭，以及

我們對萬物的意義及目的

所懷的種種成見。

別再執著自己舊有的世界觀了。

我們什麼都不知道。

讓我們釋放我們心目中
對每一個人所執著的形相，
讓那一切過去吧！）

　　海倫完全沉醉其中，一股無可言喻的歡喜冉冉而生。沉默片刻後，她說道：「真美啊，比爾，實在太美了！」

　　1968年9月，自從海倫開始筆錄「那聲音」的話語以來，已經過了三年，他們總共整理出九百四十頁的打字稿。就在這時，海倫聽到並記錄了下面這兩段話：

　　只要有一位弟兄願意與我一起跨越誘惑，一心不亂地凝視天堂永恆無間的光明，我必會歡欣地向他伸出我的手。把屬於我的人賜給我吧！因他們原是祢的一部分。祢的旨意怎麼可能失敗？我為弟兄的真相而由衷感謝祢。只要有一位弟兄決心與我攜手合作，大地便會向天堂獻上感恩之歌；剛從地獄脫身的世界，響起此起彼落的零星歌聲，且終將匯為一首無遠弗屆的大合唱，一起向祢謝恩。

　　如今，我們可以齊聲說「阿們」了。基督終於重返祢無始以來為祂安置的永恆寂靜。旅程已經結束，回歸它的起點。不留一絲痕跡。從此，再也沒有一個幻相值得信任，再也沒有一點黑暗遮蔽得了基督的聖容。祢的旨意圓滿而徹底地完成了，所有的造

化都認出了祢的臨在，知道只有祢才是它的生命根
源。在祢內生生不息的萬物散發出如祢一般神聖無
瑕的光輝。我們已經抵達原本的一體境界，我們終
於回到家了，回到祢願我們永在之處。

海倫放下筆記本，拿起臥房的電話撥號，懷著寧靜而崇
敬的心情說道：「比爾，《奇蹟課程》完成了。」

當然，海倫告訴比爾《課程》已經接收完畢的時候，並
不知道自己搞錯了，因為她和比爾都不知道《奇蹟課程》是
什麼樣的書。一直在閱讀神秘學及形上學的比爾，曉得他們
手頭上的東西是一套靈性資料，與印度教一體不二的吠檀多
學說非常近似，連深奧的程度，都不相上下，基本的靈性教
誨也驚人地相似。所不同的，《課程》闡釋永恆真理所採用
的是基督教術語，配合了心理學的實用練習，彷彿就是為當
代讀者量身訂做的。

與此同時，比爾也知道，這將近九百五十頁的打字稿，
完全答覆了他三年前提出的問題，即「一定有更好的方式在
人間度日」，顯然是特來應他之請的。他無從把握此中玄
虛，但他深深感到，那是因為有兩個人同心一意，才聯手促
成了這件事。當兩人放下了判斷而攜手合作之刻，奇蹟誕生
了。

《課程》在比爾身上證明了它高度的實用價值。最明顯

的，他和同事的關係變得更平和了，原先棘手的其他私人關係也跟著緩和下來。唯獨他和海倫的關係沒能遂他的願，他雖然有心改善這一關係，至今卻未曾辦到。

海倫告知比爾《課程》完成的第二天午餐前，兩人在比爾辦公室碰面。比爾打開了鎖著《課程》資料的文件櫃，拿出六個裝著手稿的書夾，放到了桌上。

「我們真該找些像樣的書夾來裝它們，」比爾說，「午休時我看看有沒有合適的。」

比爾回來的時候，拿著幾個大號的黑色活頁夾，是博士班學生裝論文用的。

他對海倫說：「只找到這幾個能裝下這些資料。」他一面夾資料，一面問道：「海倫，接下來做什麼呢？」

「做什麼？你說『做』是什麼意思？我們什麼都不做。你該不會想把資料給人看吧？」海倫擔心地問道。

「我沒想做什麼，只是覺得，我們費了將近三年工夫整理出來，總不能把它鎖進櫃子裡就此了事吧。」

「對我而言，這樣挺好的。」海倫答道。

「要不然，你問問『它』我們該做什麼。」比爾提議道。

　　此時的海倫已經愈來愈臣服於「那聲音」的權威了，故認爲這主意不錯，說她晚上回家就問。在此同時，她再三叮囑比爾絕不要把資料給別人看。

　　比爾當然同意了，他其實也有同感，要是將《課程》的眞實故事公諸於世，他倆的專業聲譽很可能會遭到質疑。

　　第二天早上，海倫到比爾辦公室，說她問了，那聲音的意思很明確，叫他們現在什麼都別做。海倫一副如釋重負的樣子。

　　隨後那一個月，比爾一有時間就仔細地反覆閱讀這部資料。他尤其讚歎這部資料的理念前後徹底一貫，找不到自相矛盾的句子或觀念，然而他搞不清它究竟是哪一類的「課程」，因爲洋洋大觀二十五萬字的打字稿，不分章節，全部湊在一起，這麼難讀的書，再怎麼鼓舞人心，大概也不會引來多少知音吧！他想，也許《課程》的訊息純粹只是給他和海倫兩個人用的。可是他沒法相信「那聲音」只爲了兩個關係惡劣之人就傳下這麼多的訊息，這是完全沒道理的。最後，他想通了，既然是他求了「更好的方式」，他也得到了答覆，那就只管「用」好了，別再操心拿它「做」什麼了。

威廉・賽佛博士與海倫・舒曼博士

海倫・舒曼博士與肯尼斯・霍布尼克博士

海倫‧舒曼、茱麗‧史考屈、肯尼斯‧霍布
尼克、比爾‧賽佛

肯尼斯‧霍布尼克、茱麗‧史考屈、海倫‧舒曼、
比爾‧賽佛 攝於1976年北卡羅萊納州

肯恩・霍布尼克

海倫與茱麗

哥倫比亞大學長老會醫院辦公室

1975 年　鮑勃・史考屈

1985 年　比爾

第五章

　　自從1968年的九月海倫「完成了」《課程》的筆錄工作之後，直到第二年春天，她和比爾始終埋首於醫院新啓動的幾項研究計畫。五月初，有一次兩人吃午飯時，海倫說：「比爾，你知道，〈正文〉完成的時候，我眞有如釋重負之感。奇怪的是，如今我卻很懷念自己的任務。」接下來那幾天，海倫顯得焦躁不安，有些六神無主地說：「比爾，我有一種奇怪的感覺，好像要來一本類似操練的書。」

　　兩週以後，「那聲音」回來了，兩人這才知道，海倫過去三年所接收的〈正文〉並非全部的《課程》，接下來還有一部〈學員練習手冊〉，也是《奇蹟課程》絕不可或缺的一部分。海倫聽了暗自不爽，料想〈練習手冊〉也許會有〈正文〉兩倍那麼長，聽寫的工程豈非還需五年的光景！

　　不過，海倫的愁雲很快就消散了，因「那聲音」通傳的前兩段闡明了這一部書的性質：

〈正文〉中所提供的理論基礎，是〈練習手冊〉中
不可或缺的架構，它賦予了每個練習的意義。然
而，你必須親自操練這些練習，才可能達到本課程
的目標。沒有經過鍛鍊的心靈是無法成就任何事情
的。這本〈練習手冊〉的目的，即是遵循〈正文〉
的要旨來訓練你的心靈如何思考。

這些練習十分簡單。既不會耗費你太多時間，也不
限定你練習的場所。你無需作任何準備。這是一年
的培訓課程。每天的練習從一至三百六十五逐一編
號。一天不要超過一組練習。

　　這回，相較於筆錄〈正文〉，海倫筆錄〈練習手冊〉的
抗拒心態要輕微得多，這或許是因為她已對那聲音習以為
常，也可能是因為〈練習手冊〉導言的內容讓她心安了一
點。在第一課之前，海倫筆錄了下面這一段說法：

你只需記住這一點：你不用相信或接受這些觀念，
甚至無需心懷好感。某些觀念還可能會激起你的抗
拒心理。這一切都無妨，亦無損其有效性。在運用
〈練習手冊〉的觀念時，絕不允許自己擅自設定一
些例外；不論你對這些觀念有何反彈，利用這些反
彈來練習吧！它所要求的，僅僅如此而已。

　　那聲音明言，學員無需相信課文所言，仍能從中獲益。

這句話著實令海倫鬆了一口氣，如此，她便無需面對〈正文〉的理念帶給她的諸多挑戰了。另一方面，她的抗拒之所以會減輕，也是因為她切身體會到，自從把《課程》原則運用在生活中，醫院人際關係的緊張氣氛的確大為鬆弛。海倫是非常務實的人，當然不會去反駁那些效益顯著的基本觀念。

最初的幾課簡明扼要，海倫好似吃了一顆定心丸，因她知道〈練習手冊〉總共只有三百六十五課，若是按照開頭幾課的樣式進行下去，筆錄〈練習手冊〉絕對用不了〈正文〉那麼長的時間。我們都知道，後面的課文愈來愈長，可是等海倫留意到的時候，她已經為課文推進的手法深深著迷，甚至不怎麼抱怨那聲音打擾她的生活了。

〈練習手冊〉的筆錄進行了二十一個月，總算大功告成了。此前，比爾的同事關係已因他運用了《課程》原則，而大幅改善，在聽寫〈練習手冊〉期間，這一轉變更為顯著。比爾感到院系在最佳運作狀態時，能保持這一氣氛，已屬難能可貴；而在醫院的官僚體系下，終日面對沉重的工作壓力及挫折的人際互動，友善的氣氛竟仍能繼續滋長，在比爾眼中，簡直堪稱奇蹟。

1971年2月，那聲音傳下了第三百六十五課。海倫默念了一段感恩的禱詞，她又一次以為任務完成了，連最後一課

之後的「跋」都暗示她的筆錄使命告終了。跋是這麼開頭的：

> 這個課程只是一個起步，而非結束。……此後我們不再安排特定的功課了，因為無此必要。

它又是如此結尾的：

> 我們把自己的前程交託給祂，並且說：「阿們。」在平安中，我們繼續祂的道路，並把一切完全交託出去。不論何事，我們都先探問祂的旨意，然後滿懷信心地等候祂的答覆。祂愛上主之子，我們也願同樣地愛他。祂教導我們如何透過祂的眼睛去看他，且如祂一般地愛他。你並非踽踽獨行於人生路上。上主的天使就在你四周盤旋。祂的聖愛始終環繞著你，這一點你可以肯定：我絕對不會讓你在世上活得孤苦無依的。

比爾讀畢〈練習手冊〉，為書中按部就班、清晰明確的編排方式讚歎不已，激賞之情甚至更勝於〈正文〉，因這些課文循序漸進地將讀者領向高層意識，展現了無比精湛的心理學功底，只有大師級的心理學家才有此鬼斧神工的鉅作。

儘管海倫與比爾憑著自身的專業背景，深知這套資料十分殊勝，其中的觀念也頗具實效，但除卻供自身讀、學、用

以外，他倆完全不知道該拿這部《課程》怎麼辦。他們覺得，當時機成熟時，這部書遲早會流傳出去的，至於在何時何地或以何種方式，他們心裡就沒半點譜了。不過，他們從不操心，因為多年浸潤於《課程》的教誨，他們逐漸懂得，內在的嚮導必會在最恰當的時機，指點他們為這部課程的命運作出正確的決定。

這段期間，他們在《課程》的潛移默化之下，生活已大有改觀。不論是工作心態或與他人互動，他們感到愈來愈難重施過去那一套，否則自己心裡便會愈發難過。從前那些充滿衝突的互動模式，如今早已變得不堪承受。

1971年夏，比爾告訴海倫，他愈來愈想「做些什麼」，來提高這部資料的可讀性，問海倫是否願意跟他一起校閱〈正文〉，請「那聲音」來幫忙，讓〈正文〉變得更適於閱讀。海倫同意問問看，很快就收到了明確而肯定的答覆。

於是一場幾乎和筆錄一般耗時的工程展開了。海倫和比爾利用空閒及每週六的下午，慢慢讀〈正文〉，一邊體會，一邊問那聲音應在何處劃分章節段落。如此歷經十四個月之久，〈正文〉分出了三十一章，而且增添了二百五十五個副標題。

1972年4月，海倫走進比爾的辦公室，一派認命地宣佈：「那聲音」昨夜又回來了，叫她準備記錄〈教師指

南〉。她不知道那是什麼東西，但他倆已經學乖了：只要稍安勿躁，答案很快就會來到的。

　　第二天早上，海倫來到比爾辦公室，對他說道：「《奇蹟課程》真的還沒完呢。」比爾問她什麼意思，海倫打開她的速記本，為比爾讀了一段昨夜記下的內容：

教與學的角色在世俗的觀念中，其實被顛倒了。這種顛倒乃是意料中的事。它將老師與學生視為兩個分立的個體，老師傳授的對象只限於學生，而不包括他自己。它把教學行為視為某種特殊活動，只占了此人一小部分的時間。然而，本課程所強調的卻是：教就是學，老師與學生其實是互為師生。它又強調：教學乃是一種持續不斷的過程，時時刻刻都在進行中，一直延續到睡夢的念頭裡。

然後她跳了三四頁，找到她最想讀給比爾聽的部分：

這部指南是為上主的教師們所寫的。他們並非十全十美，否則他們就不會活在人間了。然而，他們此生的使命即是活出完美，因此他們會以種種形式，反反覆覆地教人完美之道，直到自己學會為止。然後他們就會消失了蹤影，而他們的思想卻永遠成為力量與真理的泉源。他們是誰？他們是怎麼選出來的？他們做了什麼？他們究竟是如何完成自己與世

界的救恩的？這部指南將會答覆你這些問題。

海倫闔上筆記本，幾乎是平心靜氣地對比爾說：「我想加副標題一事得再等等了。」

雖然比爾經年累月聽打海倫記錄的資料，已經有些疲憊了，但他見了海倫對於此事的反應，暗自欣慰不已。從海倫這次相對冷靜的反應來看，她的心態的確有所轉變，一點也沒有以往那種驚惶失措的神情，雖然她也不熱中重操舊業，卻不像過去那樣恐懼和抱怨。比爾覺得，這一變化本身即可堪稱為奇蹟了，而這一切應該歸功於海倫筆錄〈練習手冊〉的課文。既然如此，那麼，自己為協助海倫完成這一筆錄工程所投入的時間與心力，不僅值得，更會令他感到與有榮焉。

〈教師指南〉總共打出了七十七頁。1972年9月，海倫記下了這樣一段話：

〈教師指南〉無意答覆奇蹟師生們可能提出的所有問題。事實上，它只能針對少數幾個常見的問題，簡要地點出〈正文〉及〈學員練習手冊〉幾個重要概念。它只是一種補充，無法取代前兩部課程。本文雖然名為〈教師指南〉，你必須記住，師生的分別只是「聞道有先後」而已，因此從時間的角度來講，他們的不同只是暫時性的。有些學生可能先讀

這部〈指南〉獲益較大。有些學生可能比較適合由
〈練習手冊〉下手。又有些學生可能需要由比較抽
象的〈正文〉開始。

　　那天晚上海倫還筆錄了其他的內容，第二天早上拿到辦
公室讀給比爾聽，最後是這樣結尾的：

如今，願你的所言所行蒙受上主的祝福，

為拯救世界之故，祂轉身向你求助。

上主之師，祂由衷地向你致謝，

全世界都沉浸於你由祂那兒帶回的恩典。

你是祂的鍾愛之子，

為祂所用，成了你的天命，

上主的天音，經由你的善巧而遍傳寰宇；

時空的世界，到此告終，

有形可見的一切，在此結束，

無常的萬物，徹底化解歸無。

你帶來了一個新世界，

眼所未見，耳所未聞，

卻是無比的真實。

你是何等的神聖！

世界藉著你的光明，反映出你的神聖光彩；

你從不孤獨，在此也不乏弟兄。

我為你而感謝天恩，

也願與你共襄盛舉，

爲了上主之故。

因我知道，

那也是爲了我自己，

以及所有與我一同邁向上主的弟兄。

　　　　　　　　　　　　　　　阿們

　　海倫讀畢，比爾和海倫又一次感到：《奇蹟課程》終於完成了。這回他倆總算猜對了。

第六章

　　從1972年9月《奇蹟課程》筆錄完成，到次年三月，比爾只把這部資料給四個人看過：休・林、已畢業於比爾心理研究所的天主教神父麥可，還有比爾的兩位好友。

　　這四位都相當肯定《課程》的內容，反應則判然有別。比爾的兩位好友認為這部書很有知性價值，但他們自己無意操練；休・林則認為《課程》「具有舉足輕重的意義」，足以影響「數百萬的生命」；具有宗教學與神祕學背景的麥可神父另有一番見地，他深深感到《課程》的概念與東方偉大的神秘教義異曲同工，每日一課的編制也令他歎為觀止。

　　為了把書給這四個人看，比爾每一次都不得不跟海倫費盡唇舌，因此他不打算再為這種事而自討苦吃了。於是，《課程》又被鎖回了文件櫃，靜候它的未來。

　　完成了《課程》筆錄的那年九月，比爾在學術期刊讀到了一篇題為〈神秘教派與精神分裂〉的文章，作者是肯尼

斯‧霍布尼克博士（Kenneth Wapnick, Ph.D）。比爾知道麥可神父必定有興趣一讀，便把期刊給了他，而後將此事拋諸腦後了。然而那篇文章的觀點卻引發了麥可神父的深思，也讓他對作者產生了興趣。

＊＊＊＊＊＊＊＊＊

　　肯尼斯‧霍布尼克當時三十歲，剛於四年前獲得心理學博士學位。他本來生長在猶太教家庭，卻因1972年一次深刻的神秘體驗，「知道」自己應皈依天主教，故於當年十月正式受洗。為他施洗的神父非常欣賞這位新皈依的教徒，向自己的老師麥可神父提到，自己剛為「一位叫霍布尼克的心理學博士」施洗，儀式很感人。

　　麥可神父一聽這名字便心生一念，告訴那位神父自己很想見一見肯恩（即肯尼斯）。神父說他樂意引見，但霍布尼克博士正打算前往以色列，不知道他的時間是否允許，不過，他可以把麥可神父的電話給肯恩，盡量讓兩人見上一面。

　　數日之後，肯恩打電話給麥可神父，約了一個會面的日期，兩人一見如故，很快成了朋友。他們多次會面，暢談心理學和神秘學，其間麥可神父提到，他有兩位心理學家朋友，肯恩一定樂意結識，但直到肯恩就要動身去以色列的前

幾天，麥可神父才把他引見給海倫和比爾。

　　四人晚飯後在比爾家碰面，所談的內容不外乎他們的專業事務及理論，其間，比爾曾提到海倫記錄了一部資料，問肯恩是否有意閱讀。肯恩一見打字稿卷帙浩繁，便委婉地回拒，說他過幾天就要走了，所剩時日不足以盡興拜讀。

　　然而到了以色列以後，肯恩卻老想著比爾提到的那部打字稿，也不曉得自己為什麼會情不自禁地一再想到它。他打定主意一回美國就去找比爾，好好看一看那部文稿到底講些什麼。

　　肯恩在以色列待了五個多月，前三個半月在特拉普派（Trappist）的修道院，後一個半月寄住在巴勒斯坦加利利的小山丘上的修道院。加利利那座修道院的宗旨是為穆斯林、基督徒、猶太教徒建立一個和平共處的社區，大家用希伯來語望彌撒，一起團體祈禱。肯恩在那裡愜意極了，以為那便是他的安身立命之所。然而，1973年5月，他感受到某種指引，要他回美國。那指引僅此一句，但三個理由浮現在肯恩心中：療癒和家人的關係，改善和朋友的關係，好好閱讀比爾在他離開紐約幾天前所提到的那部文稿。不知為何，他在以色列那五個月對它始終念念不忘。

　　回到紐約時，肯恩並不曉得自己會在美國待多久，他以為此行只是短期逗留，很快就會回以色列，也許就在修道院

無限期地待下去了。麥可神父在機場接肯恩時，肯恩首先說的一件事就是他很想見比爾‧賽佛，讀一下比爾給自己看過的那部文稿。五天後，比爾將那部一千五百頁的文稿遞給了肯恩，肯恩這時才知道，原來這部資料叫《奇蹟課程》。

接下來兩個半月，肯恩幾乎都在讀這部《課程》，愈讀就愈是強烈地感到，「就是它了」，自己此生的靈性探索八成離不開這部資料了。他若回以色列，也不會待太久，更不可能在那裡終老。當他讀完整部《課程》，心中已有了明確的方向：返回以色列一段時間，解決那邊零星待辦的事務後就重返紐約，想辦法參與海倫、比爾以及《課程》的工作。

他覺得海倫和比爾也該到以色列一遊，故建議他們兩位趁自己還在以色列時過來一趟，他可以充當導遊，帶他們探訪名勝古蹟。

海倫和比爾剛好假期將近，而且兩人早就有意拜訪聖地，若是肯恩能當他們的導遊，想必能增添旅程的深度和廣度。

於是，在1973年8月的第三週，也是肯恩回到以色列一個月以後，縱然海倫仍對以色列令人退避三舍的酷暑有所忌憚，仍與比爾、路易登上以色列航空公司的班機，來到了特拉維夫。

　　儘管海倫一路都在抱怨「熱得受不了」，還是全程參與了肯恩帶他們參觀的景點。令她感觸最深的一處便是古蘭（Qumran），那裡正是發現《死海古卷》〔譯註〕的地方。

　　當一行人走近《死海古卷》的出土地，海倫驀地定在原地，驚訝無比地盯著洞口，哭出聲來，不論比爾和路易怎樣安撫她，將近五分鐘的光景，她都說不出一句話。等她終於平靜下來後，別人得豎起耳朵才聽得見她說的話。

　　「就是這個洞穴，」她聲音顫抖地說道，「我就是在這個洞穴，看到了上面寫著『GOD IS』（上主本來如是）的卷軸。」周圍人聽了全說不出話來。

　　又過了一會兒，正當他們體味死海古蹟的氛圍時，海倫沉思自語道：「這個水位有點不對勁，太低了，以前比這高多了。」比爾一向都很看重海倫的想法，立即打開剛抵達以色列時買的旅行指南，翻看了起來。「真有意思，海倫，」比爾引述道，「這上面說，在艾賽尼派（the Essenes）的時代，死海的水位確實比現在高很多。」大家聽了一言不發。過了一會兒，海倫一臉感動地輕聲說道：「這裡真是世上最神聖的地方！」

　　片刻之後，一行人繼續四處閒逛。隔了幾分鐘，在同一

〔譯註〕1946 至 1956 年間出土於古蘭十一個洞穴的大量古代經卷，因洞穴鄰近死海，故得名《死海古卷》。

區域，海倫經過一片遺址，突然再次停住腳步。

　　她的目光越過一小片窪地，盯著一塊古老的葬場說：「那裡看著挺眼熟的，我想過去看一眼。」但她還沒邁兩步，就聽到那個熟悉的「聲音」對她說道：「任憑死人埋葬他們的死人吧！」〔譯註〕海倫心領神會，停下了腳步。

　　以色列的經歷雖然對海倫的情緒衝擊很大，然而大體來講，這趟旅程並未明顯改變她對神、轉世或其他靈性觀點的態度。雖然她不能不承認，那些經歷的確對她觸動很深，可是她對於神的存在卻仍保持著不置可否的看法。

　　九月初，海倫、路易、比爾、肯恩一行回到了紐約。過去幾個月裡，比爾一再向肯恩表示，當前他恐怕無法為肯恩在自己的系裡安插任何職位，然而肯恩仍依循內心冥冥中的指點，來到了位於哥倫比亞大學的醫療中心。由於他手頭小有積蓄，又打算住在曼哈頓西區廉價的天主教賓館，一時並無生計上的顧慮，他只是感到那部文稿對他的強烈吸引，不論面對多大的障礙，他都要為它服務。

　　於是，從九月中旬起，在醫療中心根本沒有任何職位的肯恩，天天準時報到，再三仔細研讀《課程》的各個章節，慢慢開始與海倫商討如何才能確保內容清晰，不致被誤解或

〔譯註〕「那聲音」引用了〈馬太福音〉8:22。

扭曲。若非對此書的熱愛與奉獻的決心，沒有人能吃得消如此艱巨的工作：肯恩投入了超過一千個小時來敲定標點和大小寫，還花了大量時間檢查並改進海倫和比爾前一年所分的章節及加上的標題。海倫跟比爾前一年雖然開始為這部文稿分章節，但都覺得不盡如人意，於是肯恩自告奮勇，拉海倫和他一起重新整理《課程》的章節標題，以確保標題與《課程》內容和精神一致。兩人不能達成共識的時候，就會請求那聲音的「指引」，而他們所收到的答覆總是一致的。

肯恩一直沒有為了生計而私下收治病患，然而他和海倫工作了三個月以後，麥可神父介紹兩位神父來找他作諮商，由是開啟了肯恩小規模的私人診療業務。全靠他人轉診介紹，到1974年秋天，他必須騰出每個週五來幫人作心理諮商。

就在這時，比爾也終於在系裡為肯恩找到了心理學方面的兼職工作，真可說是及時雨，因肯恩的積蓄剛好即將用罄，正有些不知如何是好呢！

1974年，聖誕節將近，肯恩感到心中有股衝動，催他盡快完成編輯工作。他不知道自己何以如此急切，他也明知任務艱巨，愈是催促海倫跟他一起修訂，海倫就愈抗拒。可是，他知道自己必須堅持下去，必須完成編輯。於是乎，一到晚上和週末，或任何他能夠抓到海倫配合的時間，他都會

用來完成這項浩大的工程。對於《課程》，他始終抱著「捨我其誰」的心態。

　　一月底，任務終於完成，總算達到了每個人的期待，原先毫無章節、字句相連的洋洋五十萬字，而今成了一套易於閱讀而且風格一致的自學課程。海倫、比爾、肯恩都有如釋重負之感，只不過反應的方式依各人性情與態度而各不相同：海倫覺得終於自由了，比爾感到大家都盡力了，肯恩則因自己能為這部日後傳之千古的靈性經典貢獻一己之力而感恩不已。

　　在這期間，比爾有次向海倫提到，他一直在思考，如何才能讓傳統醫學專業人士接受《課程》中的療癒理論。為此，他一直在研讀相關的文章，其中有項叫「基爾良照相術」的俄羅斯發明引起了他的興趣，這種高電壓攝影能夠拍攝出物質周圍的力場。比爾很好奇，不知能否藉此科技證明無形能量的存在，從而獲得學術界的認可。

　　海倫說她不知道，但會問一問。兩天後，她給比爾帶來她記下來的訊息，似乎就是針對該問題的答覆。

　　「跟光沒有關係，」她說，「關鍵在聲音。」接著她把訊息的開頭念給比爾聽，其中不乏高端專業術語，富於科學性，令二人吃驚不已。

　　這段訊息描繪了一台「療效測量儀」──造出來以後能

評估身體治療情況的儀器。然而，海倫記錄的這篇〈聲音雜記〉似乎並不完整，也不夠清晰，好在海倫還能用自己的話描述出儀器的樣子。即便如此，海倫和比爾仍無法領會其中的技術原理，故決定把這些資料收起來，留待日後遇到有工程學背景的人再說〔原註〕。二人繼續忙著本職工作，可惜彼此的關係始終並未獲得多大的改善或療癒。

大概就在這一期間，有一天比爾正辦公，電話響了，來電之人自稱是比爾同事的朋友，因計畫與同僚舉辦基爾良照相術的會議，想跟比爾借用醫院的會堂。比爾告訴他會堂是絕對不可能外借的，對方於是懇請比爾推薦合適的會議地點。比爾說出了第一個浮現在他腦海的地點——104街第五大道的醫學研究院。對方覺得是個好主意，謝過以後，便掛了電話。

比爾放下電話便將此事拋諸腦後了，直到六週後，他意外受邀參加三週後舉行的「首屆國際基爾良照相術大會」。當時跟比爾通話的那個人為了感謝他，還在請帖上附了這樣的話：「謝謝，請一定光臨。」基於先前的〈聲音雜記〉，比爾深感自己或許應該參加，便咨詢海倫和肯恩的意見。他們三人決定請求那聲音「指引」。答案很明確：海倫和肯恩

〔原註〕接下來的幾年裡，他們將此資訊給許多聞名遐邇的科學家看過，但無人知道如何製造這一設備。

都不該去，只需比爾前往。

開會那週六的早晨春光明媚，而比爾卻不得不前往醫學院，在室內關上一整天，心中不免懊惱。

他走在第五大道時，還禁不住自問：「我這是何苦呢？」最終，他找到一些理由來安慰自己，也許此行是為了見其中一位講者，工程學教授道格拉斯·迪恩。比爾對迪恩教授及其超自然療法的研究早有耳聞，心想或許迪恩教授能幫他進一步了解海倫的療效測量儀。

到了醫學院，比爾向會議主辦人自我介紹，也就是先前來電借用醫院會堂的那一位。

「有什麼我能為你效勞的嗎？」主辦人問道。

「有，」比爾答道，「我想見一見道格拉斯·迪恩。」

主辦人馬上為比爾引見。接著，比爾和道格拉斯討論起超自然現象，然而大會即將開始，他們只好約定午休時繼續，並且約好十天後在比爾辦公室碰面。

接著，主持人請與會者入席。歡迎辭致畢，一位靈異學講師上台致開場白，她便是茱麗·史考屈，時年四十四歲。這不是比爾與茱麗的初次會晤了，他一年前在市政廳參加一整天的靈異學會議，就是茱麗主持的。當茱麗開始發言，比爾心中出現一念：「我真得會一會她，但不是今天。」

第七章

　　茱麗‧史考屈生長在紐約布魯克林典型的中上層社區，說起她早年的經歷，實在堪稱「不平凡」。

　　茱麗七歲上三年級時，入選了州立教育委員會啓動的「天才兒童創新教育實驗計畫」，該計畫以鼓勵學習、激發創造力爲宗旨，主張自發自主的教育理念。獲選學生在小小年紀就必須學習外國語言、開放式的數學訓練、科學研究計畫，還有速讀和打字。教育委員會的這項工作頗受政府支持，不斷推出深度的研究計畫。

　　這項計畫固然新穎有趣，卻也意味著接下來的五年裡，茱麗必須每日搭乘校車往返於住家和公立學校之間。在通學已經這般耗時的情況下，茱麗的父母還要求她每週花四個下午到希伯來學校上課，週日還要上主日學。她父親塞繆爾‧羅思坦是位律師，以在俗的身分身兼世界猶太人組織的領袖一職，深切體會到民族傳統之重要，故欲確保自己的子女也能熟悉猶太教的教誨。

　　茱麗週六上午要去猶太教教會，週內忙著上音樂課，而住家附近又沒有同校同學，導致她十三歲以前基本上沒有時間或機會參與一般的人際交往。如此一來，她只好以書爲伴了。

　　小學畢業以後，社區的公立中學也開辦了類似的資優班。按照該計畫的規定，必須把資優生這一特殊群組跟其他學生隔開，所以茱麗雖然每天無需再爲遠程通學而耗費大量時間，但仍無法接觸到住家附近的同齡人。幸好豐富而多元的課程令茱麗覺得新鮮有趣，該課程的學習方法也與一般課堂大不相同。以公民學科爲例，學生要花兩週時間實地考察當地法院，隨後把親身體驗到的審訊情況和法律流程記錄下來，製成報紙即可，不需考試。

　　茱麗的家庭生活也挺特殊的。她家的宗族觀念極強，家中似乎總有一屋子親戚，尤其在三十年代末至四十年代初，猶太人紛紛逃離歐洲，更是令她家賓朋滿座。從納粹控制區逃出來而免遭大屠殺的這幫親戚，全把羅思坦家在布魯克林的宅邸當成了「中途之家」。

　　由於房間緊缺，茱麗的父母便叫她和外祖母同住一房。茱麗在感情上與家人有些隔閡，她跟童書作家可能還要更親一些，所以能跟聰慧幹練的外祖母共居一室，對她的情感生活可說大有裨益。外祖母是個女強人，將近五十歲時喪夫，

如今靠經營托兒所自立自足，業務蒸蒸日上。

　　除了一屋子親戚，茱麗還接觸到很多靈修界及政治界的領袖，他們常來羅思坦家，和她父親討論全世界猶太教的發展事務。茱麗常與埃莉諾‧羅斯福〔譯註〕這樣舉世聞名的人物同席，為她養成了鎮定從容的社交風采。

　　茱麗有什麼想法幾乎都和外祖母分享，唯獨十三歲發生的那件事，除了對她母親講過一次外，茱麗對誰都守口如瓶。

（茱麗）

　　十三歲那年，我有過一次意外的超覺經驗，或說神秘體驗，觸動我如此之深，好似直接契入了「我之為我」的存在核心。我不曉得那次的經驗意義何在，因為那種力道不是我的理性所能了解的，可是我非常清楚，那是真理之境。

　　當時，我正接受牙科手術，完全不知道手術要上麻醉，更沒想到他們會把我綁在椅子上，還安排兩位護理人員分別站在我兩側，一位負責施放笑氣，一位監看手術狀況。當他們把麻醉面罩扣到我臉上時，我開始奮力抵抗失去意識的感

〔譯註〕埃莉諾‧羅斯福是美國第32任總統富蘭克林‧羅斯福的夫人，是一位傑
　　　出的政治家與外交家。

覺。在那一刻，我真害怕會「失去自我」，心中非常痛苦，身體感受到一股強大的拉力，彷彿在我腦中拉扯。當時，我好似靠著一串黑點形成的游絲懸浮在意識中，並且莫名地懂得，自己應該再往上推進一步。當那排黑點形成三角形環繞著我時，我深知必須讓自己的意識擠出三角形的頂點才行，而這無異於死亡，我內心起了很大的掙扎。終於，我突然感到一陣刺痛，好似被投了出去，穿越痛苦的藩籬，進入了全然平安之境。

那裡沒有感官的知覺，只有美妙而澄澈的光明之感。那一刻，我不是一具正在知覺的身體，雖然有視覺，卻沒有眼目。我可以覺知一切萬有，這覺力遠勝一切感官之所能及。一股勢不可擋的幸福感環繞著我，在那所謂的「全知」境界裡，我與宇宙一體，與一切生靈及上主一體，那種平安、喜樂、圓滿的感覺完全超乎想像。我至今猶能清晰記得當時有「終於回家了」這一念。接著一個聲音在心內與之共鳴，響徹我內：「現在你知道了，現在你知道了，現在你知道了……」我不曉得自己到底知道什麼了，但感覺上，自己好似無所不知。

從手術醒來以後，我認真向母親描繪了這次美妙而深奧的體驗，以及我經驗到的生命真相。她微笑地聽著，說她真高興我作了這麼好的夢。我慢慢明白了，自己永遠不可能用語言轉述那麼真實的真知體驗的。

　　我不知找誰去談這一經驗，也無從查證這究竟是怎麼回事，於是，它漸漸被我壓到了記憶深處，幾乎再沒想起過。大學時，某些課程其實有可能幫助我拓展對那個經驗的認識，可是我把它壓得太深了，完全沒有想到去選那些課程。不過，在我意識深處，我從未忘記那一混沌而神秘的實相體驗，知道我們真正的家園不在這形相世界，而在那全知之境。

＊＊＊＊＊＊＊＊＊

　　1951年，茱麗大學畢業，進入哥倫比亞大學哲學系，攻讀英語文學碩士學位。她只用了一年，就完成了父母最大的心願——結婚。接下來的三年，她一直為一家出版公司工作，負責撰寫書籍護封上的推薦文，可是這絕非她當初學新聞學的初衷，所以她在懷胎七月之際辭掉出版業的工作時，一點也不感到惋惜。

　　1955年，她的第一個孩子喬納森出生，1959年，女兒妲瑪〔譯註〕隨後而至。妲瑪開口說話的情狀，喚醒了茱麗埋藏在內心深處的記憶，也就是當年在牙醫診所躺椅上的經驗，算算已隔了十五年之久。

〔譯註〕全名為 Tamara Cohen Morgan，她據此為自己起的中文名是「孔開霞」。

（茉麗）

　　幾乎從妲瑪第一次開口說話起，我就發覺，她對周遭世界的感知方式遠遠超過生理的官能所能及。最早的跡象，可說是她與我幾乎沒有時間距離的心靈感應，尚在咿呀學語的她，常能回應我心中所想的念頭，實在令人難以置信。

　　在她三歲那年，有一天，喬納森就快放學回家，我正琢磨著午飯做什麼給他吃，心想他也許想吃金槍魚。這時，站在身邊的妲瑪好像聽到我大聲說出心中想法似的，對我說，她最不愛吃金槍魚了，希望我別做那道菜。我驚訝地問她何以這麼說，她答道：「你不是說要做金槍魚嗎？」我大吃一驚，從此開始留意到妲瑪「聽」的方式異乎尋常。

　　諸如此類的經歷，在妲瑪早期童年日漸頻繁，並且從最初的心靈感應，慢慢發展出預知之夢和未卜先知的能力。好多次，她睡醒後跑來告訴我某些訊息，並堅稱那不是夢裡來的，而是來自「真的地方」。所以用「真的」一詞，她說是因為自己分得清幻想和現實。其實，她所描繪的事件往往還沒發生，而是即將發生，過了一段時間之後，我們就會發現，事情真的應驗了。

　　好比說，妲瑪七歲生日的前一天清晨，外面天色還很黑，她來到我的臥室傷心地哭著，說她的生日派對要完蛋了。她告訴我她剛才作了個「真的」夢，看見兩個她不喜歡

的同學大鬧派對，把吃的東西扔來扔去，簡直無法無天，最後不得不請她們的父母提前接走。更糟的是，那兩個孩子走前還把禮物拿回去了！

　　我對妲瑪說，那兩個女孩根本不在受邀之列，所以無需為夢中情節擔心。妲瑪覺得我說的有理，但她仍然堅持那個夢的確是「真的」。然而，她愈是回想這個「真的」，愈是發現夢中細節與派對的確相去甚遠。她的派對佈置成墨西哥風格，而「真的」卻是史努比漫畫風〔譯註〕，且舉辦派對的公寓和家裡的裝修格局也大為不同。想到這些，妲瑪的心情好了很多，便回去睡了。

　　妲瑪的生日派對辦得很成功，於是她便漸漸淡忘了那次「真的」夢，直到兩週後她去一個從未拜訪過的朋友家參加派對。那天，我把她送到她朋友在紐約市的公寓，跟她說好下午五點來接她。然而，四點的時候，她往家裡打了個電話，堅持要我在派對結束時親自到樓上接她。我自是無意如此，但我知道，妲瑪叫我上樓，一定有她的道理。

　　我一到那所公寓，妲瑪激動地跑來告訴我，「真的」夢一一應驗了：房屋是照《史努比漫畫》裝飾的，兩個搗亂的孩子也被提早送回了家，而且她倆真把禮物帶回去了。

〔譯註〕本書原寫作 Peanuts，即是華文世界讀者所熟悉的「史努比」。

　　妲瑪的成長過程中不乏這類預知之夢，未卜先知和心靈感應的經驗也不可勝數。

　　我逐漸對這類事情見怪不怪，同時也慢慢意識到，小女非但不刻意使用她的天賦能力，而且舉凡使用，必定用於正途，對她那種高等感知能力頗為淡定。於是，我也放下心，全然不以為意了。其實，妲瑪運用這些高等感知能力所展現出的人格，全都非常正面，依我看，她這些超自然的本事，恰恰是拜她開放的天性所賜。

　　偶爾有人請她表演一下心靈感應，她一定會禮貌拒絕，這更證明了我所想不虛。她告訴我，若非有合理的原因，否則她不願施展這類能力，更不會表演。不過，倘若遇到緊急情況，急需藉著心靈感應傳訊時，她不但願意一試，而且屢試不爽。

　　下面的事件就是一個明證。有一天，住在紐約市的舅舅突然發病，急需通知我母親此事，而她正開車前往劇院。當時十二歲的妲瑪，見我急需聯繫母親，便問我是否需要她給外婆傳訊。我當然說「需要」，然後妲瑪就離開了幾分鐘，回來時胸有成竹地說：「外婆收到了。」

　　我問她怎麼敢如此確定，她便為我描述了過程：她回房站到鏡前，專心致志地看著自己，一直到她「消失不見」，然後說三次：「外婆，給家裡打電話。」不久，聽見後腦好

似出現「咔噠」一聲，便知道外婆已經收到了訊息。

　　事後證實我母親的確「收到了」，只不過她並不知道那是有人「傳訊」給她的。當時，我父親中途到辦公室取郵件，就在妲瑪剛給母親傳訊後，母親便一反常態地說，她感覺必須往家裡打個電話。父親生怕趕不上演出，便設法勸母親別再耽誤時間，但有股力量催迫母親非打不可。謝天謝地，她打了這通電話，因為我真的急需母親幫忙才能送舅舅去醫院。

　　此類事件讓我意識到，妲瑪的這種能力本質上是一種意識的拓展，它超越了身體的局限，與人建立起更深的連結。在此之前，我從未想過人與人之間能連結得這麼緊密。

　　我的好友，歐文‧魯賓博士，是一路看著妲瑪長大的。1966年，他給了我一本書，說：「你一定會覺得這本書很有意思，說不定它能幫你理解妲瑪的一些經驗。」那本書的作者是婕絲‧斯特恩，書名是《「睡著的」預言家：美國最偉大的通靈人埃德加‧凱西的故事》。

　　我回家把書拿給我丈夫，也就是妲瑪的繼父鮑勃〔譯註〕。這本長篇傳記記載了凱西各式各樣的特異功能，我倆讀得興致勃勃，並因而自發研究起超自然現象，鮑勃對超自

〔譯註〕鮑勃乃羅勃的暱稱，即本書作者羅勃‧史考屈。

然療法特別有興趣。不久，我倆深感閱讀此類信息時，必須
謹慎選擇值得取信的部分，故我決定以學術研究的途徑來探
索這一領域。

　　那些年，我一直在「新社會研究學院」上課，受教於業
內的頂尖學者。基於自己強烈的興趣，我參加了「美國特異
功能研究學會」及「心靈啓蒙暨研究學會」所開的公共課
程。

　　很快，我結交了不少開風氣之先的實驗學者，諸如布
魯克林邁蒙尼德夢境研究所的斯坦利·克里普納博士和蒙塔
古·厄爾曼博士，弗吉尼亞大學醫學院著名的輪迴轉世學者
伊恩·史蒂文森博士，心理學博士勞倫斯·李山——他鍥而
不捨地完成了一項耗時甚長的研究，促成了獨一無二的「通
靈療癒教學法」。這些人大半是全國知名的專業領袖，我與
他們共事多年，終於在1971年意識到，自己的才能在推進靈
異學研究一事上，最有用武之地。我愈是觀察女兒的發展、
深入超自然的研究，目標就顯得愈清晰：我願畢一生之力盡
可能發掘人類的全部潛能。為此之故，我和鮑勃組建了一個
非營利組織，命名為「超感研究基金會」。

＊＊＊＊＊＊＊＊＊

　　當時，超感研究基金會旗下只有茉麗和鮑勃二人，而鮑

勃本身是全職投資顧問，故茱麗每天必須工作十八個小時，才能維持基金會的正常運作。

　　基金會許多研究計畫都需要經費，爲此，茱麗無時不在忙於跟籌資人洽談、評估計畫的重要程度，同時徵詢專業領域內的友人之意見，平常還要爲同道中人穿針引線。

　　基金會能夠爭取到的贊助金額極其有限，在研究計畫啓動之初，提供經費並支持基金會的是邁蒙尼德醫院的夢境研究所。該研究所致力於各種意識狀態的實驗，工作人員早已成了茱麗和鮑勃的朋友，每當他倆覺得某項計畫值得投資，茱麗便會設法爲之籌集所需的經費。他們這些小型計畫，只是爲了幫助有價值的研究工程籌到啓動資金罷了；啓動後的研究若顯示出可觀的前景，才有可能爭取到大型機構的贊助。

　　在此期間，鮑勃不僅開始從事超自然療癒法，且對「自動書寫」產生興趣。隨著他不斷深入研究，心中升起一股親自實驗的強烈願望。於是，他開始每晚以冥想狀態書寫，那些來自內在指引的記錄，不僅有助於他所從事的療癒工作，對於需要邏輯推理的決策工作，也提供了相當可靠的資訊來源。

　　超自然療法和自動書寫的研究都在基金會的資助之列，茱麗和鮑勃覺得，基金會也應當公開推廣這類議題，故於

1973年起開始主辦多場對外開放的研討會。

　　1973年6月，茱麗和鮑勃在紐約林肯中心舉辦了一場會議，與會者超過一千一百人，主題是「精神療法：由神話走向科學」，旨在展示業內開風氣之先者的工作成果，如勞倫斯・李山，斯坦利・克里普納，信仰療法者歐卡・渥瑞和埃德加・傑克遜，以及賈絲塔・史密斯修女——她就「精神療法對於人體酶穩定性的作用」所作的研究，處於業內先驅地位。

　　在斯坦利・克里普納的敦促下，基金會資助了第一屆與第二屆的「針灸療法／基爾良照相術／人體靈光」之西半球大會。這兩次會議首開研討此類議題的先河，探討的內容相當紮實且影響深遠，故將會議記錄編輯成書，出版問世。

　　此外，茱麗繼續監督基金會資助的多項研究計畫，如史丹佛研究所與以色列特異功能者尤里・蓋勒合作的透視研究。該項研究的成果發表在英國著名的《自然》雜誌上，並為此項研究舉辦過一場特異功能的小型研討會，吸引了十六位世界著名的物理學家出席，最終促成了《蓋勒研究論文集》（Charles Panati 著） 的問世。無可諱言的，這項研究大大提升了國際對特異功能研究的重視。

　　茱麗所擔負的責任日益加重，她加入前宇航員艾德加・米切爾創立的「念力科學研究所」，擔當董事會創始成員；

在紐約大學進修學院擔任教職，教授實驗靈異學及新維度療癒的課程；還應電台、電視之邀，講述她所涉獵的工作成果。在擔任這麼多繁重的職務之同時，她好似遊刃有餘，又到加州「人本心理學研究所」攻讀博士。

　　她的日子過得忙碌至極，活像個陀螺似的，《新境界》雜誌在訪談茱麗後所附的生平簡述中，這樣描述她當時的生活：

> 若欲了解茱麗‧史考屈在1970年代的生活，從她紐約市公寓裡舉行的意識探索沙龍，可見端倪：一個房間放著電影，銀幕前坐著一群生物反饋療法的愛好者；另一個房間裡，一夥人正醉心於冥想訓練；還有一個房間正進行一場醫學研討會。

> 茱麗好似分身有術，不僅可以同時出現在所有場合，還能三頭六臂同時接聽三部電話，為意識研究領域的從業者穿針引線。隨便挑一個時候去她家，都可以看到艾德加‧米切爾、穆克達難陀尊者或尤里‧蓋勒這樣的人物，更別說各門各路的通靈人、神秘學家、物理學家，連朋友的朋友都帶來了。首次來訪者必會覺得不可思議：這麼嬌小的女士，不僅保持一切周轉有序，竟然還有空暇為客人下廚。

　　其實，在繁忙的生活中，茱麗的內心開始孳生一股莫名的空虛感。1975年期間，茱麗的空虛感日益嚴重，她卻神奇地把這個感覺掩蓋得天衣無縫。表面上，她的生活簡直是心想事成，工作充滿挑戰、令人興奮，一家人志趣相投，全國各地也都搶著爭取她所提供的服務和建議。但是，她總感到內心缺少了某樣最關鍵的東西，因而焦慮痛苦不已。

（茱麗）

　　這種空虛感，逐漸造成身體的痛苦，我罹患了嚴重的胃潰瘍。我太了解情緒對健康的影響了，但知道這一點根本無益於緩解症狀。其實，知道這是我自作自受，反而更令我灰心。我找啊找啊，想找一個途徑來掙脫我為自己打造的牢籠，但那些方法全都無濟於事。我只知道，自己經手的那些五花八門的研究計畫，沒有一個最終不讓我感到答案不夠完整，總是少了什麼東西。我固然尊重科學的途徑，相信它是不可或缺的一環，並且大力支持，但我們參與的各項研究，尤其是有關療癒的那些，雖然表面上都大談特談靈性觀念，可是實際上我們根本未曾觸及靈性的層面。

　　就在這段時間，我開始作夢，好似在延續早年的那次神秘經驗。這回的體驗彷彿帶著某種訊息，每每使我感受到無所不容且無遠弗屆的愛，近乎狂喜境界。只是，這種感受往往轉瞬即逝。

　　夢裡的體驗和醒時的感受有如天壤之別，令我倍感折磨。我丈夫和小孩從未抱怨過，但我知道自己的心境其實讓大家很不好過。

　　我心情這麼抑鬱，自然很想丟開兩個月前所作的承諾；我曾答應出席紐約醫學研究院的基爾良照相術大會，而且還要致歡迎辭。如今時日將至，我巴不得取消出場，但我知道那是不可能的。於是，我只好拖著身子穿越紐約市區，來到會場，就療癒以及「將另類療法引入主流醫療之重要」，演講了二十五分鐘。

　　會後我徑自回家，上床躺下，只覺人生跌到了谷底。眼下我明明一無所缺，有可愛的丈夫，兩個美好聰慧的孩子，令我幹勁十足的工作，還因工作接觸到各式各樣有趣的人。但是，我感到內心有塊巨大的裂口，彷彿整個人就要裂成碎片了。就在情緒崩潰之際，我獨自在臥室裡哭泣，悲傷而絕望地從心底吶喊：「天上有沒有人能拉我一把啊！」說完我自己都奇怪，因為我從不說這樣的話，連想都沒想過。

　　兩天後，早上九點左右，電話響了，一位底特律的朋友來到了紐約，非要約我到市中心的飯店共進午餐不可。我按時抵達，見她已經在等我，且帶來了一位約莫四十五歲的男士。她介紹說，這位男士是她的形上學老師，對數字命理學具有極高的天賦。隨後，她說起這位男士的預言能力如何地

出色，還幫助她以更平安的眼光看待人生。但我一向對數字命理興致缺缺，又知之甚少，所以聽得有些心不在焉。飯後正要離席，朋友把男士的名片遞給我，一定要我找他繪算命理圖。男士直盯著我說：「我很想為您繪製命理圖，算是送您的禮物。」

雖然這次談話聽得我迷迷糊糊的，可是我真心相信，人生沒有偶然的相遇。我感到自己應該遵從朋友的願望，就勸自己說，數字命理學家與塔羅牌解牌師等預測未來之人，可說是天賦異稟，他們從事的行業也只是在發揮自己特有的才華而已。因此，我想這位形上學家可能是上天「派來」幫我了解自己的問題，解除內心的壓力。說實在的，在當時痛苦的心境下，我什麼都願意試一試。

於是，第二天早上，我打電話給他，約定下午見面。他根據我前一天給他的姓名和生辰，帶來了一張提前算好的命理圖，準確地道出了我過去的一些重要經歷，還說我很快會遇到一位年紀比我大很多的女士，她餘生都會做我的老師。還有，再過一年，我會出版一部人類心目中極重要的靈性資料。我跟他說我並沒有寫作的打算，他說：「我沒說那部書會由你來寫，我說它會由你出版。」我說我又不是搞出版的，哪有可能呢！他只是溫和地笑笑說：「走著瞧。」

第二天早上，一陣電話聲把我吵醒，是我的朋友道格拉斯‧迪恩打來的，幾天前我致辭的那場大會就是他主持的。

道格拉斯說他有兩件事要說：第一，問我心情好轉一點沒有；第二，告訴我那天大會上，有人為他引見了一位任職於哥大內外科醫學院的心理學教授，那位教授邀他下週二到學校一起吃午飯，聊一聊兩人感興趣的話題。「茱麗，你也來嘛！」他說道。

　　道格拉斯知道我身心狀態不佳，卻仍堅持要我陪他去。最後我同意了，因為我一直希望找正統醫療體系內的人，聊聊身心合流的「全面向療法」，而對方乃是全國最有名望的醫療機構的專家，實是千載難逢的機會。這位哥大教授既然沒有限定會談主題，我們大可藉機將自身理念傳達給他。我說週二已經約了人吃午飯，倘若那位教授肯改期到週日，我就可以共赴盛會了。掛上電話以後，我開始琢磨要帶上哪些材料，才能說動那位教授幫我們在醫學專家和另類治療師之間牽線搭橋。

　　1975年5月29日，我和道格拉斯驅車前往曼哈頓上城百老匯大道的醫療中心，去見那位教授——威廉・賽佛博士。道格拉斯只在大會和他聊過幾分鐘，來不及搞清他的觀點和專長，所以我也不知道接下來要見的是怎樣的人，多少有些緊張。道格拉斯向我保證答案很快就會揭曉，賽佛博士說他在辦公室等我們到了以後，大家直接就去吃午飯。

　　我們下了車，穿過人行道上的人群，走向醫療中心的

「黑色大廈」。大門前人潮洶湧，我指著其中一位瘦高的男士，對道格拉斯說：「哎，你看，他在那兒的台階上等著呢！」道格拉斯吃驚地說：「沒錯，是賽佛博士。可是茱麗，你怎麼知道是他？你從來都沒見過他啊！」

我不知如何答覆道格拉斯才好，因我剛才連想都沒想，那句話就脫口而出了。然而，當我講那句話的時候，我非常清楚自己早就認識那個人。

互相介紹以後，賽佛博士說他特意從辦公室下來接我們，免得我們迷失在醫療中心迷宮般的走廊和病房之間。接著，他帶我們到員工餐廳，在休息室為我們引見了他的同事海倫·舒曼博士，她身材嬌小，中老年，看起來體重不超過一百磅。我們一起進了自助餐廳，兩位教授叫我們直呼其名以後，比爾便帶我們找了個相當安靜的地方坐下。

寒暄過後，我提出了先前準備的話題，但比爾和海倫對於全面向療法好像一點興趣都沒有，逕自談論一般性的研究問題，我愈聽愈覺得自己來錯了地方。然而，就在談天話地之際，我開始感到，海倫心裡似乎隱瞞了什麼事，雖然我不可能知道她隱瞞了什麼，但可以肯定，那跟她所說的研究設計毫無關係。後來吃甜點時，我竟講出了連自己都不敢相信的話，只聽自己衝著海倫說：「你是不是聽得到內在靈音？」

　　我還沒來得及為自己的失言道歉，只見海倫臉色煞白，緊張卻氣餒地說：「你說什麼？」

　　比爾站起來打斷道：「何不到我辦公室談談？那裡方便很多。」

　　我不曉得該不該重提我對海倫說的話，但我看到比爾帶我們離開餐廳以後，有意單獨跟海倫先走一步，讓我和道格拉斯隨後跟著，我便知道自己不必重複問題了。我看到他們一路上談得相當認真。到了辦公室，他倆把另一位同事肯尼斯・霍布尼克博士介紹給我們，接著比爾關門、上鎖，靜靜問道：「我們在這間屋子裡說的話絕不外傳，你們能守信嗎？」

　　我和道格拉斯都答應保密，儘管我想不出有什麼秘密值得這麼謹慎。

　　接下來兩個小時，比爾和海倫為我們兩人講述了過去十年間的故事。他們說的事，我聽了不但不以為怪，甚至不覺得他倆是陌生人。我完全無法解釋這種感覺，但我感到自己不過是與老友重聚，他們所講的也好似天經地義，彷彿這次相會只是前緣再續一般。

　　整個場面讓我感到一種美妙的安排：在這所赫赫有名的醫療中心裡，我坐在兩位科學界頗具名望的教授身旁，沒有

和他們討論全面向療法，反倒屏氣凝神地等著看他們秘密筆錄的形上學資料。我問可否一閱。

比爾打開文件櫃的鎖，取出七個又黑又大的文件夾，是博士生裝論文的那種，放到桌上說：「這就是一千五百頁的《奇蹟課程》。」

我一看，全身過電了似的，然後伸手去拿裝〈正文〉的夾子，一打開，目光就鎖定在導言上：

這是闡釋奇蹟的課程。是一門必修的課程。只有投
入時間的多少是隨意的。

讀完第一段以後，我聽到內在有個聲音：「這是你回家的地圖。」心裡不禁湧上一陣如釋重負的歎息，十分確定這就是上天對我求助的答覆了！

＊＊＊＊＊＊＊＊＊

海倫和比爾先前安排了一場下午的會議，無奈地結束了與茱麗和道格拉斯的會面。在離開之前，茱麗說她需要弄清楚，比爾希望她如何為他們兩人所說之事保密。

「你的意思是要我別把《課程》給朋友看嗎？」茱麗問。

「不是，」比爾說，「我們曉得不應該把《課程》就此藏著，只是不希望我倆的名字跟這本書扯上關係。」

「親愛的，是這樣的，」海倫補充道，「我和比爾實在不知道該如何向同事解釋這一經歷，我們……」

茱麗有所意會地說：「好的，我懂。」

比爾說道：「關鍵在於，這部書足以自成一家之言，根本不需要某個人來爲它代言。世上的個人崇拜已經夠氾濫了，這部《課程》無需再給誰當墊腳石了。我跟海倫算不得合格的表率，無法代此書發言。茱麗，你看了以後就會明白，這部書是套自學課程，我和海倫只稱得上是學生而已。」

茱麗回到家，才進了一半的門，就大聲對鮑勃說：「瞧瞧我帶了什麼回來！」接著，她試著把下午聽到有關《課程》的整個故事講給鮑勃聽。鮑勃聽得饒有興致，只不過在他看來，這部《課程》是不是眞材實料，不在它來的方式，而在其內容，因他自身已有三年自動書寫的經驗，通靈傳訊於他而言並不稀奇。至於這部資料的內容，因其篇幅長達一千五百頁，鮑勃表示無意投入精力。

茱麗用過晚飯，馬上讀了起來。愈深入這部資料，心中的感激愈發強烈，因她知道，自己的人生就要發生超乎想像

的變化了。《課程》採用的基督教術語並沒有給她造成太大的障礙，比爾那天已經解釋過，他感到《課程》所以用基督教術語，是因為西方普遍信仰基督教，這樣的語言有助於大眾了解其中的教誨。他還告訴茱麗，《課程》重新詮釋了某些傳統基督教觀念。「譬如說，」比爾告訴她，「『救贖』一詞在《課程》中的含義就與傳統基督教的解釋不同，是指修正天人分裂的妄見。」他補充道：「而『聖靈』則是指我們每個人心內都有的上主天音，它不只一直在引導我們，還是我們與造物主之間的連線。」

茱麗手不釋卷地讀了將近八個小時，一直到凌晨五點，才放下黑色文件夾去睡覺。她當然知道，這種讀法是無法消化這部《課程》的，只因急於一窺全書的旨趣，實在忍不住一睹為快。無需理性的解釋，茱麗直覺地相信，這部《課程》將會成為她往後人生的指南。

入睡以前，《課程》的字句依然縈繞腦際，其中的真知灼見令茱麗深深折服。「療癒與圓滿」那一章，有句話尤其令她難忘，還背了下來：「無罪無咎的心靈是不可能受苦的。心靈一經療癒，便恢復了清明的神智，而有治癒身體的能力。」當時她一讀到這句，便確信那令她飽受折磨的胃潰瘍就要一去不復返了。那一刻，她懷著無比的篤定進入了夢鄉。

次日上午，茱麗打電話給海倫，盛讚這部資料言辭優美、內涵深刻，並問海倫可否趁回家時與比爾順道過來作客，她想請教他倆有關《課程》的幾個問題。海倫說她樂意拜會，倘若比爾有空，想必也會與她一道前來。

從此，他們開始了一連串幾乎未曾中斷的每日小聚，相聚一堂的有茱麗、海倫、比爾，以及肯恩。這時肯恩已跟海倫和比爾一樣，與《課程》的命運密不可分了。接下來三年的無數相聚，將他們四個緊密地連在一起，締結了深厚的情誼，也加深了彼此的默契與奉獻之心。

從海倫、比爾處拿到《課程》打字稿的第十天，茱麗按照先前的安排，前往加州出席與基金會有關的幾場會議，並跟她的博士生指導教授埃莉諾‧克麗絲薇兒博士會面。她問海倫和比爾，自己可否把《課程》展示給幾位朋友，她知道她的朋友一定會感興趣。

比爾語氣輕快地說道：「加州遠在三千英里之外，那邊應該沒人認識我們。」

然而，那裝有一千五百頁《奇蹟課程》的七個黑色文件夾，幾乎重達二十磅〔譯註〕，雖然茱麗拿到它們以後就沒再帶出家門，但她十分清楚這套資料搬起來有多麼笨重。

〔譯註〕大約九公斤。

去機場之前，她只想到了把書裝到購物袋裡；而還沒提起袋子，她就知道，自己還是得讓這套書便於攜帶才行。

在機上的六個小時，她靜靜思考《課程》的事，想到自己給朋友介紹這本書以後，會有多少人朝她要副本。她想不出要怎樣滿足他們的需求，不過，她記起了〈正文〉一開頭的奇蹟原則第一條──「奇蹟沒有難易之分」，於是她想通了：設若朋友註定該有此書，那麼他們自有辦法得到的。

第一批從茱麗那裡看到《課程》的人當中，有一位叫詹姆斯·博倫，負責《通靈雜誌》的編輯與發行工作。該雜誌可說是業內最具權威的優質出版品了，其內容涉獵的領域甚廣，訪談過的名人，從萊因博士，到《天地一沙鷗》的作者李察·巴哈，涵蓋了各種領域。

博倫聽說這部書是經由天啟的「筆錄」資料，自然大感興趣，而當茱麗介紹了《課程》的大致內容，並展示一些章節以後，博倫看出，茱麗手裡的這部資料，實乃他平生所見最為獨特的文稿，因此不只想要親身操練，還有意參與和此書有關的事宜。

可是問題來了，茱麗只有一份《課程》，博倫自己該怎樣得到一套來學呢？他認為唯一的辦法就是影印。憑藉自身與出版業的關係，他可以在二十四小時內完成影印工作，而且「只需花費四十八元」。

　　這顯然不是最經濟實惠的解決辦法，一來影印本還是笨重不堪，二來茱麗也不想把她的原稿外借他人。然而，茱麗清楚，她那群從事形上教學的專業朋友，勢必渴盼仔細研讀這部資料。於是，一個絕妙的辦法逐漸在茱麗心中醞釀出來。

　　抵達舊金山後不久，茱麗把《課程》拿給她的指導教授埃莉諾·克麗絲薇兒博士看。埃莉諾立即看出此書之重要。「茱麗，將來會有相當多的人想看這部資料的，」她說，「把這份資料改裝成易於捧讀的書籍是遲早的事，不妨現在就著手吧！」

　　「話是沒錯，但怎麼做才好？把這變成書得花不少錢呢！」

　　「那要看你怎麼做了。我就有一家小出版公司，叫自由人出版社。我很熟悉資料製印及裝訂的流程，可以把你手上的打字稿縮小後再影印，裝訂成平裝書，至少可以應付你這陣子的需要。」

　　「全塞進一部書裡？」茱麗覺得難以置信。

　　「不行的，可能必須分成三四本呢。字體會變小，但讀起來不成問題。」

　　「一套的成本大概多少？」茱麗問道。

　　埃莉諾表示不確定，不過，如果只有一百套的話，她預計每套三十到四十塊。

　　「那我們得賣五十塊呢，我還想送給一些付不起的朋友。」

　　埃莉諾告訴茱麗，即使定價五十美元，買這套也比買重達二十磅的影印本強得多。

　　茱麗認為最好徵詢海倫和比爾的意見，就打電話給他們。她早已料到比爾會怎麼答覆了：「就照《課程》教我們的──問一問！」

　　當天晚上，三個人一起靜靜坐著，請求指引。他們接到的答覆一致肯定此事，且建議他們先申請版權，以符合出版法規。

　　就這樣，第一版《奇蹟課程》的因緣總算具足了。

　　茱麗掛掉電話以前，告訴他們舊金山地區對《課程》的反應熱烈無比，還提出許多自己無力回答的問題。接著，茱麗建議說，要是海倫、比爾、肯恩能飛過來待上幾週，定能幫上大忙。比爾和海倫想一想，飛到三千英里外的遠方，同幾個人隨意聊聊《課程》，應該可以的，何況他們的假期快到了，時機正合適。

　　茱麗於是告訴她的一些朋友，海倫和比爾要來海灣地區

稍作停留，願意跟幾個人聊聊《課程》。不出一週，不少人表達了參加的意願，等日子定下來的時候，人數已破百。為了容納這些人，茱麗在海倫下榻的賓館租了一間會議廳。

首場會議乍一開始，即顯示出這群風聞《課程》之人有心研究這部資料的熱忱。儘管問答一直進行到半夜，海倫沒有一絲倦意或不安之感。最後離開會場時，她對茱麗說：「這些人的熱情比我想像的還感人。」

在四週的行程裡，海倫和比爾總共會見了五百多人。茱麗心中清楚，海倫和比爾見這部《課程》竟然吸引了那麼多人，所感到的欣慰之情，足以彌補他們為保密個人隱私而飽嘗的焦慮了。

第八章

　　首批的一百套《奇蹟課程》於七週後送達茱麗手中。這一版的《課程》分成了四部書：〈正文〉佔兩部，〈練習手冊〉和〈教師指南〉各成一部。採用了標準平裝書的開本，寬約五英吋，長約八英吋〔譯註〕，只不過這一版的字體比原始打字稿小上三成，不便閱讀，倒是方便攜帶。不到一週，茱麗就在舊金山分發了八十套，剩下的二十套則帶回紐約。

　　又過了三四天的光景，那二十套也發完了，於是茱麗連忙請求埃莉諾加印一百套。新的一批書還沒送到，茱麗就已收到將近一百份的訂購單了。

　　在一次定期聚會中，茱麗告訴海倫、比爾和肯恩，《課程》的某些術語令她有些不得其門而入之感，她希望能有一套詞彙索引這類的工具書。

〔譯註〕約等於 13 公分 ×20 公分的尺寸。

　　比爾說，這事他和海倫、肯恩討論過好幾次了，始終沒有結果。

　　「你可以請『那聲音』來幫忙澄清那些術語嗎？」茱麗問海倫。

　　海倫說她當然可以問問看，但不一定能得到答覆。「假如答覆像書中資料那麼長，我真的不是很想聽呢！」

　　那天晚上，海倫在家裡靜靜坐下來，向「那聲音」求助，所聽到的答覆即是〈詞彙解析〉的開頭部分。海倫花了將近九週，完成了《課程》常用的十一個詞彙，這一部分後來編入了〈教師指南〉。

　　在那九週期間，海倫過得一點都不舒坦，她不得不出席許多特別會議，還要應付隨之而來的大量工作，那段職場生涯顯得特別難捱。

　　一天下午，黃昏將近，海倫異常疲倦地坐在辦公室裡，開始給比爾、肯恩唸她最近筆錄的內容。忽然，她停了下來，開始抱怨《課程》如何打亂了她的生活，浪費了她多少時間。

　　「你不覺得這是浪費時間吧，海倫？」肯恩問道。

　　「我真的覺得浪費。」

「可是你知道的，這部資料文采如此華麗，內容也意義非凡。」

「誰在乎啊？」她嘟噥道。

「所有想讀它的人啊！」

「反正我是不想再寫下去了，」她答道，「也不想再唸了。」

肯恩換了一招說：「好吧，既然這樣，你就不必隨身帶著速記本，乾脆丟到垃圾桶裡算了。」他一邊說，一邊伸手奪過海倫手中的筆記本，以職籃球員的投籃動作，一下就把本子投進了旁邊的垃圾桶裡。「好了，」肯恩說著站了起來，「這下你的日子可輕鬆了。」海倫還沒來得及回應，肯恩徑自走出了辦公室，比爾也緊隨其後。

第二天早上，六點十五分，肯恩在公寓裡正要為一位病患進行早間心理諮商時，電話響了。他拿起電話，只聽海倫慌張不已地說：

「肯恩，我的筆記本不見了，已經四處找遍了！」

「一定擱在哪兒了，你看看昨晚帶回家的文件夾裡有沒有。」

「我已經找過三次了，」海倫顯然萬分焦躁，「到底放

哪兒了？」

「海倫，我這兒有病人，」肯恩說道，「你何不……」

「啊，我的天哪！」他倆幾乎異口同聲地喊出，「垃圾桶！」肯恩倒吸一口涼氣。

「我忘記拿出來了……就忙著打電話了，……該怎麼辦？」

「快打給比爾，」肯恩告訴海倫，「也許他能聯繫上管理員。」

海倫掛上電話，旋即打電話到比爾家，說明了情況。

比爾撫慰道：「海倫，別擔心，我馬上給管理員打電話，叫他別清理垃圾，等我到了再說。」

在比爾掛上電話的一瞬，海倫自問道：「我怎麼會做出這種事來？」

比爾馬上打到醫院找管理員，結果沒找著，只打聽到清潔工每天半夜收垃圾，然後送到醫院的焚化爐，清晨六點焚毀。

比爾掛了電話，胡亂穿幾件衣服便衝到大街上攔了一輛計程車。車子彷彿怎麼都開不到醫院，實則他在二十分鐘內便趕到了醫院。

　　比爾雖沒找到辦公樓的管理員，總算找來一位幫手。那人確認清潔工通常在早上六點就把垃圾燒了，只是今天不知怎麼還沒見到人影。比爾強調此事緊急，那人便帶比爾前往垃圾存放之處。他倆一開門，比爾鬆了口氣，只見一屋子的大垃圾袋，還都是滿的。

　　這一堆垃圾大約有四十袋，全都一模一樣，根本無從找起，況且這些袋子裡裝有各式各樣的動物實驗室的殘骸，令比爾望之卻步，但他清楚非找不可。於是，他靜靜地請求幫助，然後拿起了兩個袋子。那位助手打開其中一包，整個兒翻倒了出來。比爾在垃圾堆裡翻尋，卻沒看到筆記本，只好幫忙把垃圾裝回去，又打開第二包垃圾。在那人倒出垃圾之際，比爾幾乎一眼就認出了筆記本，心中默默為此奇蹟說了聲「謝謝你」。

　　正當比爾和助手收拾那堆垃圾時，負責焚燒垃圾的清潔員急匆匆地趕來，說：「抱歉遲到了，今天身體不太舒服。」

　　這段插曲帶給海倫極大的衝擊，讓她深切體會到自己對《課程》的承諾與奉獻，當她以為筆記本毀了的時候，心中分明有強烈的失落感，她是騙不了自己的。

* * * * * * * * *

　　在平裝本賣出了三百套以後，茱麗接到了一位朋友的來電，對方有家小出版公司，想跟茱麗洽談商業出版《奇蹟課程》一事。茱麗知道，任何有關《課程》出版的決策，絕對少不了比爾、海倫、肯恩的，換句話說，所有提議都得經過他們四人一起向內在嚮導徵詢才行；用《課程》的說法，就是向「聖靈」求助。

　　當他們下次相聚時，四人靜靜坐下來探問聖靈，每個人聽到的答覆都是：「《奇蹟課程》不該由茱麗的出版界朋友出版。」

　　接下來的三個月內，類似的過程與結果重演了五六次。隨著《課程》的名聲不脛而走，有意購買的人愈來愈多，找上門的出版商也隨之增多。茱麗深知這部書需要合適的出版管道，但她不知道該怎麼進行才是。

　　打電話到基金會找茱麗詢問《課程》的人日益增多，許多是茱麗的舊識，還有更多她完全不認得而聲稱是從「朋友」那裡得知的。茱麗一些多年不曾聯繫的朋友，也紛紛來電探問這部他們從「朋友的朋友」那裡見到的書，想知道怎樣才能買到它。最令人費解的是，打電話探問的人數，和《課程》先前的銷售量根本不成比例，茱麗對鮑勃說：「複印機一定是加班加印了不少。」向基金會來電打聽之人來自不同背景：心理學家、教育家、牧師、商人、大學生、天主

教徒、新教徒、猶太教徒、黑人、白人、東方人⋯⋯，想買
《奇蹟課程》的人幾乎涵括了全世界的人種及各行各業。

　　1976年2月，《課程》再度售罄，只因第三次印的一百
套還沒送到茱麗手上，就已差不多被預訂一空了。

　　四人見勢，詢問要不要加印一百套，他們收到的答覆全
是「不要」。這他們就不懂了，當前的需求量明明遽增，加
印平裝本是唯一的應急之道。

　　「也許今天要來拜訪的那些人就是我們的救星。」茱麗
猜道。

　　來訪的團體是由約翰・懷特（John White）引見的，他
是茱麗的老朋友，也是頗有信譽的作家、編輯。一夥人各自
表述了興趣、態度及信念以後，任誰都看得出，這幾個人頗
具靈性意識，必會嚴肅地為《課程》保駕護航。他們四個對
這幾位來客不僅印象良好，還十分興奮上天派來這夥善人，
使得這部《課程》能夠不以商品的形式問世。

　　四人謝過約翰帶來這些同事。茱麗說，等他們收到指引
以後就會聯繫他。

　　那一夥人離開以後，他們四個靜靜地坐下來，詢問是否
該由剛才那幾人出版《課程》。

　　幾分鐘後，他們四個睜開眼，面面相覷，每個人的臉上

都露出「難以置信」的表情。無需多說，四人便知彼此收到的是相同的答覆：「不。」他們說：「就這一次，我們問問『到底該由誰出版』。」

　　他們默默地坐了幾分鐘，結果茱麗、比爾、肯恩全都沒有收到答覆，唯獨海倫收到了，她說：「這答案大概不是你們想要聽的……」

　　「你聽到什麼了？」茱麗問。

　　「答覆說，只有純粹致力於《奇蹟課程》的人才能出版此書。」

　　「太荒唐了，」茱麗說，「世上哪有這樣的出版商。」

　　「有的。」海倫靜靜說道。

　　「誰？」茱麗問道。

　　「平裝本是誰出的？」

　　「埃莉諾出的，可是……」

　　「不對，」海倫說，「是埃莉諾印的，但出版它的是基金會。」

　　茱麗目瞪口呆。「該由基金會出版？」

　　「基金會有版權。」比爾插口道。

「沒錯，但……」茱麗驚呆了，「你們剛才也聽到出版所需的投資了，基金會幾乎沒有任何資金。」

「我們來問問錢會從哪兒來。」海倫說道。

四人剛閉上眼睛，茱麗便清晰地聽到自己內在的聲音說：「先發願心再說。」

等大家都睜開眼時，茱麗問他們聽到了什麼，結果是誰都沒聽到答覆。茱麗當即領悟，這個願必須由她來發。她一面暗自計算銀行的儲蓄，一面默默發願要把錢全部用在這部書上，然後把這一決定告訴了其他人。

正如十年前海倫、比爾發願要找到在人間更好的活法，茱麗也發了類似的誓願，要設法出版《奇蹟課程》。

那天下午，鮑勃下班回家後，茱麗將這段經歷告訴了他。鮑勃雖然開始讀第一版平裝本的〈正文〉，讀到62頁就讀不下去了，從此，書就一直擱在床頭櫃上，書籤也死死夾在那一頁。儘管他當時無意研讀下去，卻完全支持茱麗的參與，而且也期待看到基金會將如何完成這一巨大的出版任務。在進入投資行業以前，他從事的是廣告業，認識許多幫得上忙的人。

第二天一大早，鮑勃接了一通電話，接線生說是墨西哥打來的，指名找茱麗。鮑勃問是誰，電話那頭的人自稱是李

德‧艾瑞克森（Reed Erickson）。

鮑勃記得艾瑞克〔譯註〕，他是艾瑞克森教育基金會的創始人，茱麗的朋友澤爾妲‧薩普莉（Zelda Suplee）就是該基金會的職員。兩年前的一個晚上，澤爾妲為茱麗引見過艾瑞克，那是茱麗、鮑勃和艾瑞克唯一的會晤和對談。鮑勃放下電話，告訴茱麗，李德‧艾瑞克森打來了長途電話。

「艾瑞克？」茱麗接起電話時顯得有些摸不著頭腦，幸好艾瑞克開門見山說出了緣由。原來，澤爾妲數月前送給他一部《奇蹟課程》原始打字稿的複印本，艾瑞克想讓茱麗知道，自己的生活從此便發生了相當的變化。他接著讚歎此書文辭優美，傳遞了真理，練習也非常實用，他已找來一群朋友與他共修《課程》了。然後，他敦促茱麗趕緊出版這部資料，而且一定要出精裝本，才配得上這部書的分量。茱麗告訴他，前天她剛好和其他三位同事達成了同樣的共識，只可惜資金不足，出不了精裝本。

「茱麗，你沒懂我的意思，」艾瑞克回說，「我打過來就是要告訴你，我最近聽到內在的指引，賣了一塊房產，想用這筆錢資助你們出版首批的五千套《奇蹟課程》精裝本。出版之事應該慎重，而且刻不容緩了。」

〔譯註〕「艾瑞克」是艾瑞克森的暱稱。

　　茱麗驚詫地倒吸一口氣，馬上打電話給海倫和比爾，告訴他們這一消息。

　　「茱麗，看吧，」比爾話裡帶笑地說，「奇蹟果然沒有難易之分。」

　　週末過後，茱麗和海倫、比爾、肯恩重聚在一起，海倫說她深深感到，基金會既然要出版《奇蹟課程》，就應當改個名字。她說：「『超感研究』有誤導之嫌，也不符合《課程》的宗旨。」

　　先前誰也沒想過要改名字，一經海倫提出，眾人皆以為然。接下來就是問一問基金會的新名字。

　　那天下午，他們靜靜坐下來詢問，卻沒有得到答覆。茱麗和比爾都聽到名字該改，可是他倆以及肯恩都沒有得到正面的答覆。為此，他們決定改日再問。

　　第二天，比爾打電話給茱麗說，昨天晚上海倫收到有關名字的答覆了。她當時雖沒有問，腦海中卻出現了一幅畫面：一道鐵門上掛了一副牌匾，仔細一看，只見匾上寫著「……平安基金會」，空白處有字，但模糊不清。「我不知道鐵門意味著什麼，」比爾說，「海倫也不知道，不過我倆一致認為，她所看到的和基金會的新名字有關。」

　　當天下午，一夥人聚在一塊兒，討論海倫收到的訊息。

他們都覺得「平安基金會」太籠統，不該以此爲名。海倫說：「《課程》的目標，是要幫人找到心靈的平安。」比爾、肯恩、海倫幾乎異口同聲說出：「心靈平安！」於是基金會就此更名爲「心靈平安基金會」。

* * * * * * * * *

第一批《奇蹟課程》精裝本於6月22日問世，當晚即在茱麗和鮑勃家舉辦了慶功會。趕巧那天不僅是精裝本的誕生之日，也是道格拉斯‧迪恩教授的生日，就是他促成了茱麗與海倫、比爾、肯恩的首次會面的。慶功會上，大家無不爲印刷之順利且迅速而稱奇。時不時地，有人會捧起書來，細細撫摸，好似想要確認一下這部書是不是眞的出版了。生日蛋糕上桌以後，茱麗發表了一段簡短的感言，感謝一路不斷的種種奇蹟，促成這部資料以今日的面貌成形並問世。她從海倫看到異象、聽到「聲音」開始，一路講到喜獲出版資金的奇蹟。當茱麗捧起這三部書時，屋內所有的人全都心有靈犀地念道，多虧了內在靈音妙不可言的指引，《奇蹟課程》終於完美地誕生了。

* * * * * * * * *

　　李德‧艾瑞克森以「艾瑞克森教育基金會」的名義，將
首批印刷的《奇蹟課程》寄給了他認為能夠從中獲益的兩百
多位朋友和熟人。這些人分佈在全國各地，多為各種專業領
域的頂尖人物。這樣一來，《奇蹟課程》可說是甫一出版，
便大為曝光。

　　其他參與出版的人也贈書頗多。比爾送了一本給休‧
林‧凱西，答謝他一直以來對自己和海倫的照顧。

　　此外，兩百多位在基金會留下名字、等候《課程》出版
消息的人，也全都收到了精裝本上市的通知。

　　那年夏天，茱麗安排了一趟加州之旅。為了滿足遠方友
人的需求，她出發時帶了六十四套《課程》，行前又寄出了
六十四套。雖然不曉得那些書要怎樣賣，或是該賣給誰，她
心中清楚，只要帶上它們，需要讀到這部書的人屆時自會上
門的。

　　茱麗一到加州，立即聯繫上《通靈雜誌》的編輯吉姆‧
博倫〔譯註〕。博倫力邀茱麗盡快找一天晚上，開一場《課
程》專題的研討會。茱麗考慮到比爾、海倫、肯恩前些日子
同意再度到加州跟她會合，而且過兩天就到了，便表示等他
們到了再敲定時間，方能一併出席。

〔譯註〕「吉姆」為「詹姆斯」的暱稱，「吉姆‧博倫」即為前文的「詹姆斯‧
　　　　博倫」。

博倫召集的討論會，特別邀請了已經開始操練《課程》，而且非常用心、深有感受的學員，約二十五位。當晚，眾人講述了自己的人際關係所發生的轉化，好似為《課程》基本原則的實用性作證。這類現身說法在那個月的後續聚會中不乏其例，自是令比爾、海倫倍感欣慰。同樣令他們感到不虛此行的，是與李德‧艾瑞克森的會晤。他當時剛好來訪舊金山，於是大家藉此良機，以海倫7月14日的生日為名，盛邀艾瑞克，感謝他在出版《課程》時所提供的重要協助。

第一場研討會結束之後，與會者全都想要購買精裝的《課程》。茱麗忽然意識到，自己帶來的加上寄過來的總共一百二十八套，仍難滿足大家的需求，於是她次日打電話到紐約，請人再送一百套過來。

從七月中旬起，基金會開始陸續收到《奇蹟課程》的郵購訂單，鮑勃每天所拆的信中至少有三四封郵購申請。於是，他自封為基金會「郵購部」主任，每天從投資公司回家以後，負責拆郵件、打印地址並留檔備考，然後把地址寄到長島，通知那邊的書庫發貨。最令鮑勃大惑不解的，就是他們從未涉足的地區竟也很快風聞了這部《課程》。基金會在前六週收到的預購申請來自二十三個州，其中包括了佛羅里達、德克薩斯、路易斯安那、明尼蘇達、華盛頓，連加拿大的幾個小鎮都來湊熱鬧了。

　　在此期間，已經操練這部資料近一年的吉姆·博倫，不僅體會到這部書對自己的生活產生的影響，同時見證了《課程》對他人的深遠影響，故他決定讓《通靈雜誌》出一期《奇蹟課程》的專題介紹。

　　博倫與海倫、比爾前一年夏天首次會晤時，很快建立了默契，彼此惺惺相惜。海倫尤其喜愛博倫，特別喜歡和他待在一塊兒。雖然如此，當博倫告訴海倫和比爾，他打算寫一篇有關《課程》的專題文章，計畫將他們兩位也寫進去之時，海倫立刻抗議。比爾明白，海倫是害怕了，然而比爾自己也不怎麼認同這個點子，只有茱麗覺得博倫雜誌的讀者群必會對《課程》產生很大的共鳴。

　　為此，他們按照《課程》的一貫指示，靜靜坐下來，探問內在自我該不該出這樣一篇文章。茱麗沒想到，她得到的答覆竟是「不」，而且她不問已知，其他人也收到了同樣的答覆。

　　茱麗並不喜歡這個答覆，一來，博倫是她的朋友；二來，按照她的邏輯，沒有道理不讓博倫為《通靈雜誌》撰寫《奇蹟課程》的故事。她婉言請大家再問一次，這回要問的是為什麼不該出這篇文章。他們收到的答覆非常明確，海倫言簡意賅地說：

　　「我聽到的是，《課程》不該與任何靈異之事扯上關

係，它的精髓在於靈性、形上及心理的層面，不可與通靈混為一談。」

這訊息如此明確，無可非議。儘管茱麗和博倫大失所望，但他倆也明白──訊息所言真實不虛。

接下來的五週裡，茱麗應邀前往灣區介紹《奇蹟課程》，邀請單位有成人教育機構、心理學團體、靈修團體，還有奇蹟學員組成的讀書會。這幾次的分享活動，和先前吉姆・博倫舉辦的一樣，學員極其投入，充滿了願心，那種氣氛是茱麗以前演講靈異學時不曾經歷過的。

截至八月末，茱麗返回紐約時，基金會已收到近四百份訂單，平均每天三至四份。其中，茱麗、比爾、海倫、肯恩造訪過的加州訂書量最大，足見《奇蹟課程》是憑口耳相傳而遍傳全國的。舉例來說，基金會突然收到俄勒岡州一座小城寄來的訂單，過了幾週，那座小城就會陸續寄來新的訂單。

同時，《奇蹟課程》的讀書會也雨後春筍般地湧現於全國各地，最早是在紐約市、長島、查珀爾希爾、休斯頓、華盛頓、芝加哥、南北加州等地，這些地方的奇蹟學員會聚在一起，分享彼此的操練經驗，互相學習活出《奇蹟課程》的精神。

在此期間，茱麗不斷收到紐約各類團體的邀請，請她去介紹《奇蹟課程》。茱麗每次受邀，都會問比爾、海倫能否一同前往，而他倆的聯合聲明總是不出所料的：「不了，謝謝。」

只有十一月那次，茱麗受邀到「聯合國靈異學俱樂部」介紹《奇蹟課程》，比爾終於同意和她一同前往，因他不介意類似的小團體；再說，聯合國成員八成和自己上班的醫療中心也無甚來往。

同月，比爾接到休・林的電話，感謝比爾贈送《課程》，並說這是他所讀過形上資料中極重要的一部。他還告訴比爾，心靈啓蒙暨研究學會的書店有意銷售這部書，請比爾安排送十套到弗吉尼亞海灘。

《奇蹟課程》就這樣首次登上了零售書店的貨架。

＊＊＊＊＊＊＊＊＊

自鮑勃擔任基金會「郵件收發室主任」以來，最令他欣慰的工作，當屬閱讀並回覆源源不斷的來信，這些來自不同信仰及背景的奇蹟學員，常在信中提及自己操練《課程》以後的感動，以及將《課程》原則運用在生活中，原本衝突迭起的關係如何開啓了療癒之路。許多人提到他們在操練〈練

習手冊〉以後所經歷的「奇蹟」，且領悟到愛其實始終都在，這一奇蹟戲劇般地扭轉了他們整個的人生方向。

有些信件分享了自己感人的經歷，敘述幾乎「不可能發生」的神奇故事；也有不少信件只是感謝基金會「出版這套再實用不過的書」。

從1976年秋末，基金會便開始收到這類信件，至今不曾中斷過。

鮑勃在這頭埋首於行政事務，茱麗則在另一頭忙於接待慕《奇蹟課程》之名而來的訪客，滿足他們進一步了解《課程》的願望。雖然約見茱麗的人有著五花八門的背景，但她所會見的人中，仍以心理學家、教育家或有靈修背景之人居多。他們認真學習這部書，不僅僅是為了自己，也希望藉此幫助到自己專業上所接觸的人。《奇蹟課程》在心理治療師中間所受的歡迎，可說是預告了日後這部書主要的讀者群，全國各地訂購《課程》的人，很多都有心理治療的背景。

海倫、比爾、肯恩、茱麗始終把一週三次的午後聚會視為「神聖不可侵犯」的安排。他們每次都少不了的老話題，便是海倫依舊害怕醫院同仁會發現她幹的「好事」；對此，她始終深感威脅，即便十分熟悉〈練習手冊〉的理念（包括第四十八課「沒有什麼好怕的」），仍然無濟於事。她每天心裡藏著這麼大的恐懼，竟然還能正常上班，高效率地完成

各項工作，不得不令人嘆服她的專業水準！

　　一天下午，四人又聚在了一起，茱麗接到了吉姆‧博倫的電話。他熱情高漲地告訴茱麗，《課程》如何打開了他的心靈，讓他接受許許多多自己一向害怕的新觀念。如今，他想把自己發現的這片新天地分享給讀者，便和同事商量拓展雜誌領域，廣納通靈以外的內容。他想讓茱麗知道，先前他在加州跟茱麗、比爾提過的為雜誌更名一事，如今已經有眉目了。他說：「告訴比爾，我們為改型的雜誌所選的名字，就是先前他隨口說的那個。」

　　「你是說『新境界』？」茱麗問道。

　　「沒錯，」博倫說，「而且我們希望新版的創刊號能夠公開介紹《奇蹟課程》。」

　　於是，茱麗、海倫、比爾、肯恩再度一起徵詢要不要讓《新境界》刊登《課程》的介紹，所收到的答覆都是肯定的。然而海倫卻高興不起來，又開始老調重彈，絮絮叨叨地反對此事。比爾一再向海倫保證，會讓她繼續匿名，絕不洩密，而且博倫也必須得到他們的首肯方可刊文；何況，《課程》遲早得面對大眾。比爾又說：「而且我們用這種方式，不僅能確保文章內容準確無誤，又可避免渲染或炒作。」海倫聽了，才同意此事。

* * * * * * * * *

從1975年秋天就開始操練《課程》的那批人當中，有一位茱麗的朋友，叫布萊恩·范德霍斯特，從事記者行業三十年，定期給《村聲週報》（*Village Voice*）的專欄撰稿。《村聲週報》在紐約相當流行，報導偏向另類新聞及專題調查。1975年上半年，布萊恩準備寫一篇通靈現象的報導，為收集資料而採訪過茱麗，那是兩人的首次見面。後來，他倆雖然沒什麼機會碰面，仍不時有電話的聯繫。

當吉姆·博倫請茱麗推薦可為《新境界》撰寫《奇蹟課程》專文之人時，茱麗當即想到了布萊恩，她知道布萊恩一直認真操練《課程》，〈練習手冊〉也幫他大幅改善了人際關係。儘管博倫不認識布萊恩，卻久聞布萊恩的大名，故同意聯繫他，商談約稿事宜。

布萊恩一接到邀請，立刻興奮地接下了這一任務，他覺得能為《奇蹟課程》撰文，對自己不但是很有意義的挑戰，更可一展所長。

在茱麗的幫助下，布萊恩召集了二十位各個領域赫赫有名的人物，包括教育家、心理學家、商界高層、作家，及一名醫生。他計畫以這一群人為核心，敘述《課程》對他們人生的影響。

在布萊恩開始為此文章搜集資料的同時，吉姆‧博倫打電話給茱麗，說他們決定在《新境界》第一期另加一篇茱麗的長篇採訪。

「得了吧，你的雜誌應該訪問李察‧巴哈那樣的人，不是茱麗‧史考屈。」

博倫解釋道，也許茱麗沒有意識到，其實她在靈異學領域的造詣，在雜誌的讀者群中早就家喻戶曉，倘若能出一篇專文，介紹她致力於出版《課程》的具體事蹟，訂戶一定很感興趣，而且，這樣一篇採訪亦可陪襯布萊恩所撰之文。

吉姆用三寸不爛之舌，勸說了將近一個小時，茱麗才終於答應會探問內在的靈音。

茱麗把博倫的計畫告訴了海倫和比爾，他倆同意跟茱麗一起問一下。令茱麗始料未及的是，她接到的指引竟是明確非常的「是」，連海倫和比爾也聽到了同樣肯定的答覆。

同時，即三月初，休‧林的心靈啟蒙暨研究學會發行了三月號的期刊，登載了首篇《奇蹟課程》的書評，裡面有這樣一段內容：

這三部書包含了當今形上學界極不尋常的靈性真理體系……乃是二十世紀的新啟示錄，所涵括的領域真可謂無遠弗屆。凡是有心尋找真神，研究形

上學、新思想或東西方宗教奧秘之人，都該讀一讀
《奇蹟課程》。

這期評論發表不久，心靈啓蒙暨研究學會在弗吉尼亞海
灘的書店又訂購了五十套書，比爾感到這是他們應該考慮加
印《課程》的一個訊號。初印的五千套，如今大約剩下兩千
五百套，若按照目前的銷量來看，應該還能撐上六個月。如
今，不僅有 A.R.E. 的評論，更有《新境界》的專題介紹，
一定會大大增加此書的銷量，比爾深感加印勢在必行。

爲此，他們理性地權衡加印的種種利弊。然而，誰都拿
不準書評和訪談會對銷量產生多大的影響，比爾猜測《新境
界》的讀者應該會訂購「一千套左右」，鮑勃則認爲這一估
計太過樂觀，因那雜誌的發行量也不過一千四百份而已。討
論無果，他們決定用老辦法：一起向內探問。

大家聽到的，都是「應該再印五千套」，比爾還聽到
「此事得立刻進行才是」。

鮑勃聯繫加印的廠商，得知要等三個月方能發貨。

「再好不過了，」鮑勃說，「六月中旬到貨後，我們要
再過好幾個月才用得上它們呢。」

誰知，人算不如天算！

《新境界》在布萊恩的專文結尾處附上了一個訂購的小

表格。等到這期雜誌送達訂戶手中的第五天，基金會收到的訂單已經堆積如山了。

　　鮑勃見勢，只好辭去「郵購部光桿司令」一職，另請了一位秘書，專門處理日益增多的信件和訂單。

　　六月中旬，鮑勃獲悉先前的那批書即將售罄，不巧的是，書廠的裝訂機出了問題，加印的一批得再等四到六週才能交貨。他們只能先處理信件，等這批書抵達再發貨。

　　待到七月底新書到貨時，基金會已經積壓了一千多套的延期發貨訂單。發行量僅一千四百份的雜誌，竟在四個多月內帶動了三千五百套的郵購銷量，此事之發展，任誰都難以置信。

　　二刷新書交貨以後，基金會馬上進行三刷，訂製了七千五百套，並於十月收貨。在那期間，平均每天能賣出二十五套《課程》，不少書店開始要求經銷此書。1978年1月，四刷的一萬套《奇蹟課程》登上了各大形上書籍專賣店的書架。

　　《奇蹟課程》顯然是靠讀者口耳相傳而「飛入尋常百姓家」的。在《新境界》的文章刊出後三個月內，基金會收到的訂單遍佈全國五十個州，甚至遠自澳洲、印度、南非。除了訂單，感謝信函也源源不斷地湧入基金會，訴說《課程》

怎樣「療癒」了他們曾經以為永遠不可能癒合的關係。海倫和比爾認為，這些故事才是「最終的意義」——這一封封來函，可說是他們接收訊息、打字校對，長達十年辛苦工作的最大回報了。

　　時至今日，基金會不曾為《奇蹟課程》付過任何廣告費，然而，各行各業都有操練過這部書的人在自己的專業或演講中一再提到它。例如精神病學家在「全面向醫療大會」上，未來學家在政府官員面前，心理學家在個人轉化的研習課上，不時見證《奇蹟課程》如何扭轉了他們的人生。《奇蹟課程》就這樣以「一傳十，十傳百」的方式流傳了出去，有人說它是「本世紀舉足輕重的文獻」，它確實不負盛名。

第九章

　　《奇蹟課程》背後的故事可有任何特殊的意義？抑或只是兩位天賦「異」稟之人的奇聞軼事？《課程》的誕生，根據此書的理念，確可說是道地的奇蹟：把它帶到世上的兩人，困於難以為繼的關係中，卻在尋求「更好的出路」這一共同目標下，同心一意地協力完成此書。由此觀之，《奇蹟課程》的誕生，可謂「奇蹟原則」最鮮活的寫照：「奇蹟是愛的自然流露……凡是出自愛的就是奇蹟。」

　　無可諱言，比爾、海倫的這次合作，正是出自全然的愛。

　　無以數計的人寫信到心靈平安基金會，敘說奇蹟理念如何改變了他們的生活，起心動念不再受制於恐懼，言行舉止愈來愈發自於愛。信中故事雖各不相同，主旨卻大同小異。

　　《奇蹟課程》究竟如何改變了他們的一生？

　　我只需要提出其中一人的經歷，看他是如何活出奇蹟理

念的，我們便不難從中瞥見奇蹟精神所在，看看那些相信
〈練習手冊〉第七十七課「奇蹟是我的天賦權利」之人，如
何爲自己開創了奇蹟。

＊＊＊＊＊＊＊＊＊

　　傑羅德・簡波斯基博士（Dr. Gerald G. Jampolsky）生於
加州蒂布龍島，精神病醫師，致力於調和派心理治療，頗有
成就。他是茱麗私交甚篤的工作夥伴，也是最早一批拿到
《課程》影印本的人。對傑瑞〔譯註〕來說，《課程》的到
來可謂恰逢其時。1975年，五十歲的他正因離婚而日日買
醉，開始懷疑自己此生的意義，試圖審視自己的生活方式和
人生價值。他一接觸《課程》，立即看出，這部資料會爲他
指出另一條更爲幸福的人生道路。他從1975年便開始操練
《課程》，從此，他的職場表現以及個人生活發生了翻天覆
地的變化。

　　在許多朋友及病患的心目中，身爲醫學博士的傑瑞是當
時最有影響力的奇蹟講師，除了公開演講，他還持之以恆地
將《課程》理念應用於專業中。

〔譯註〕「傑瑞」是「傑羅德」的暱稱。

　　傑瑞拿到《課程》後不久，即在自家附近創立了一
所非營利機構，命名為「心態療癒中心」（The Center for
Attitudinal Healing），專為絕症兒童服務。他們運用《奇蹟
課程》的理念來幫助絕症兒童轉變對自身疾病的認知，針對
這類兒童的心理輔導和分享活動，多半以〈練習手冊〉的每
日一課為基礎。成人和小孩幾乎每一天都坐在一起，討論如
何才能放下疾病的恐懼，尋獲心靈的平安。

　　有一天，傑瑞接到了一位母親的來電，她兒子最近遭遇
了一場重大意外，被拖拉機碾壓過去，整整昏迷了四十一
天。現在雖然醒了過來，卻徹底失明，全身癱瘓，只剩左臂
能動。「喬伊抑鬱極了，」她說，「大家都不知如何是好，
你能幫幫我們嗎？」

　　「他人在哪裡？」傑瑞問道。

　　那位母親回答：「跟我們在家呢，不過很快就要轉到洛
杉磯的醫院，進行其他療法。」

　　雖然她「家」遠在三百英里以北，傑瑞聽到內在有個聲
音說自己該去見見這一家人。於是，他飛往尤里卡，在機場
租了一輛車，行駛了八十五英里，只為與喬伊和他父母相處
片刻，看看能否幫得上忙。

　　自從傑瑞全心操練《課程》之後，他在專業上的成就以

及個人的生活都有驚人的轉變，因此，他開始和這家人分享
《課程》的一些觀點，細說〈練習手冊〉第一百零八課「施
與受在眞理內是同一回事」的深層含義，設法將「幫助別人
等於幫助自己」這一概念打入他們心中。

　　他告訴喬伊：「也許你會覺得自己目前的處境沒什麼希
望了，但你仍會找到自己可以幫助的人。」他又說：「然後
你會發現，你既然能幫助別人，一定也能幫助自己。」

　　次日，喬伊轉到了洛杉磯的醫院，傑瑞打電話給喬伊的
母親，表達關切。他母親告訴傑瑞，醫生的診斷並不樂觀。
誰知，大約十天之後，傑瑞接到了喬伊母親的電話。

　　「我一定得跟你說一說這個奇蹟。」喬伊的母親說，他
們到了醫院，喬伊陷入深度抑鬱，眼看就快不行了。喬伊的
母親說：「他已陷入谷底，怎樣都無法使他振作。」

　　她繼續說：「我不知道該怎麼辦才好。我站在他床前，
只覺得孤立無援，一直在想怎樣才能幫上這孩子。這時，我
忽然想起你說的助人那一回事。當時，我能想到的，只有跟
喬伊隔著五個床的兩歲小孩，他整個上午一直哭個不停，顯
然病得很重，護士好像也安撫不了。那孩子簡直像是退化到
了嬰兒時期，不像是兩歲大。護士抱著他，一面來回地走，
一面撫慰他，什麼法子都試過了，好像全都沒用，哭聲吵得
整個病房不得安寧。」

「我當時不知怎的，走到那孩子床前，把他抱到我兒子床邊，將這個又哭又鬧的孩子送到喬伊的懷裡，連我自己都不知道自己在做什麼。開始時，喬伊一驚，縮了一下，但是，他馬上抬起唯一能動的左臂，將手放到那孩子背上，輕柔地撫慰他，直到哭聲平息。那孩子慢慢睡著了。」

「喬伊開始微笑，那孩子也好似笑著。幾位護士過來時，見他倆躺在一起，說：『眞是一個奇蹟！我們之前怎麼就沒想到這個點子？』沒過幾天，他們擬出了一個新的方案，讓病房裡的孩子互幫互助，從此，整個病房充滿了歡樂。」

不可思議嗎？其實再正常不過了，《課程》不是說了嗎，「奇蹟是愛的自然流露。」後來，喬伊慢慢恢復了語言能力，也逐漸能動了，完全超乎傑瑞和所有人的預料之外。但是，這一變化，對於學習《奇蹟課程》並練習每日一課的學員來說，其實並不稀奇，因爲《課程》的思想體系能夠幫人培養出與奇蹟相應的心態，使得奇蹟成爲生活中最自然的事。

學習《奇蹟課程》的人可能會問：「奇蹟到底是怎麼一回事？」

比爾‧賽佛的道地解說令許多學員大爲受用，他說：「〈正文〉開頭的五十條原則，直指奇蹟的精神，可說是全

書的綱領。對我而言，奇蹟無非是所有問題最具創意的解決之道。《課程》說『奇蹟沒有難易之分』，意思是化解問題之道沒有難易之分，只因所有的問題都出自我們否認了愛的臨在，那麼奇蹟可以界定為：『因著知見上的轉變，清除了自己心裡的障礙，使我們得以意識到愛的存在。』」

　　奇蹟學員操練每日一課後，很快便會意識到，他們所學的其實是一種新的看待萬事萬物的眼光而已；為此，他們必須撤銷過去學來的那一套建立於物質世界之上的思維方式。《課程》不斷提醒我們，生命的實相乃是純粹的靈性，人間所有的衝突都源自我們擺盪於兩套相互矛盾的思想體系。其中一套思想，認定我們是壽命短暫的肉體凡胎，投生到人間，經歷一些喜悅，一些痛苦，一些快樂，一些悲傷，最終歸於一死。另一套思想，也就是《課程》的思想體系，重申我們是按照上主的形象而造的靈性生命，乃是上主聖念的延伸，絕非一具肉身。儘管愛是我們與生俱來的稟賦，我們卻選擇進入夢境，幻想自己與生命之源分道揚鑣，因而犯下了滔天大罪。因著這一妄見，我們內心充滿了罪咎，罪咎又孳生出恐懼。《奇蹟課程》就是教導我們如何釋放心中的恐懼，用寬恕來解除虛妄的罪咎感。惟有寬恕別人，我們才可能寬恕自己，分裂的幻相才有療癒的一天。正如《課程》所說：「任何療癒說穿了，就是以愛取代恐懼的過程。」

＊＊＊＊＊＊＊＊＊

　　爲海倫通傳這部資料的靈音眞的是耶穌嗎？海倫和比爾
一致認爲，這部資料的價值在於它的內容，至於作者是何許
人也，一點也不重要。然而海倫在內心深處，十分肯定她聽
到的靈音來自耶穌，卻對這一事實充滿矛盾的感受。她曾這
樣說：

> 我根本不信仰任何神，因而對自己筆錄的這部資料
> 滿懷怨憤，一邊情不自禁地找它的碴、挑它的錯，
> 一邊又死心塌地地不只記錄了下來，還唸給比爾打
> 字出來，顯示我對這部資料的態度相當認真，甚至
> 慢慢承認它是我今生的代表作。由於我內心一直想
> 要反駁它的說法，所以始終不敢承認它的真實性。
> 儘管我對此心中有數，卻怎麼也轉不過來；連自己
> 都無法認可自己一生的心血，心裡怎能不難受！這
> 種自相矛盾的心態的確荒唐，也令我痛苦不已。

> 這部資料到底從何而來？這是我最不願意提到的話
> 題，只因我對此一無所知。筆錄完這部資料以後，
> 我才發現東西方秘傳思想中不乏類似的觀念，連某
> 些術語都一模一樣，但在筆錄期間我根本不曉得此
> 事。我對那溫和卻充滿權威的靈音更是一無所知，
> 因它那令人無法抗拒的權威性，我用大寫的 V，稱

它為「靈音」。我真的不知道作者的真實身分，但它是那麼的篤定、智慧、溫柔、清晰，對我充滿耐心，稱之為「靈音」，絕非溢美之辭。

在筆錄過程中，「那聲音」曾幾次毫不諱言地透露「作者」的真實身分，我當時目瞪口呆，後來，我的反應逐漸緩和，最後乾脆不置可否。我不了解這一筆錄經歷背後究竟有何玄機，既不了解筆錄過程是怎麼一回事，更不敢說作者是何許人也，所以我是給不出什麼像樣的解釋的。

* * * * * * * * *

當初《奇蹟課程》經由海倫傳到人間時，誰都不敢預料這部資料會對世界造成何種影響。如今，我們明白了，海倫和比爾接收的這部資料，顯然不是僅僅為了幫助兩個人在人間找出一條「更好的出路」而已，它的目標遠大於此，受它啟發的人已經不計其數了。如此大材不可能只為小用而來，這部書會在適當的時機，以它自己的方式，傳播到任何需要它的地方。

《奇蹟課程》的理念具有神奇的效用，凡是認真學習的人，知見與心態定會有所轉變。只要真正相信並且願意活出

《課程》傳授的靈性實相，必會獲享心靈的平安。一旦釋放
了所有的恐懼，我們自然會體會到自己的本來面目原來是全
然之愛。那時，我們不難了悟，邁向上主的旅程的確是「當
下即至的旅程」。

後　記

　　1977年，海倫68歲，終於從醫院退休，超過了退休年齡兩年。不到四年的光景，1981年2月9日，海倫在紐約市去世。

　　次年，心靈平安基金會為紀念海倫，出版《天恩詩集／暫譯》，完整收錄了海倫從1971年到1978年所完成的詩作。雖然這些詩並非如《課程》那樣經由筆錄而來，卻不乏《課程》那種感動人心的品質。

　　1978年，比爾提前退休，遷往加州，從事私人心理諮商，也幫著傑瑞‧簡波斯基編輯好幾本書。1988年7月4日，比爾死於突發心臟病。

　　1978年，茱麗搬到加州，將大部分精力投入翻譯《奇蹟課程》的浩大工程。

　　1983年，肯恩創設「奇蹟課程基金會」，致力於講授奇蹟理念。如今，基金會坐落在加州 Temecula。

　　遍佈四海的奇蹟學員自發性成立讀書會，定期共修《奇蹟課程》。目前全世界到底有多少讀書會，連心靈平安基金會也無從得知，根據有限的訊息，全球估計已超過兩千個讀書會。

　　2001年春，心靈平安基金會同時培訓十四位外國譯者，致力於《奇蹟課程》的翻譯工程。此前，基金會已於1993年出版西班牙語版《奇蹟課程》，1995年出版葡萄牙語版，1999年出版俄語版及繁體中文版；由其他出版社出版的，有1994年的德語版，1996年的希伯來語版，2000年的義大利語及荷蘭語版。所有譯文，基金會均有銷售。

奇蹟資訊中心
出版系列：

《奇蹟課程》
（A Course in Miracles）──新譯本

《奇蹟課程》是二十一世紀的心靈學寶典，更是近年來各種心理工作坊或勵志學派的靈感泉源。中文版已在 1999 年由若水譯出，並由作者海倫・舒曼博士所委託的「心靈平安基金會」出版。

新譯本乃是根據「心靈平安基金會」2007年所出版的「全集」，也是原譯者若水在「教」「學」本課程十年之後再次出發的精心譯作。全書分為三冊：第一冊：〈正文〉；第二冊：〈學員練習手冊〉；第三冊：〈教師指南〉、〈詞彙解析〉以及〈補編〉的「心理治療」與「頌禱」二文。新譯本網羅了《奇蹟課程》所有的正式文獻，使奇蹟讀者從此再無滄海遺珠之憾。（**全書三冊長達 1385 頁**）

《奇蹟課程》
〈學員練習手冊〉新譯本隨身卡

《奇蹟課程》第二冊〈學員練習手冊〉共三百六十五課，一日一課地，在力求具體的操練中，轉變讀者看事情的眼光，解開鬱積的心結。

若水由十餘年的奇蹟課程教學譯審經驗出發，全面重譯這部曠世經典。新譯版一本經典原文的精確度，語意更為清晰，文句更加流暢。精煉再三的新譯文，吟誦之，琅琅上口，饒富深意，猶如親聆J兄溫柔明晰的論述，每天化解一個心結，同享奇蹟。

為方便現代人在忙碌生活中操練每日一課，經三修三校的重譯版，首度以隨身卡形式發行，以頂級銅西卡精印，紙版尺寸 8.5 × 12.6 公分，另有壓克力卡片座供選購。（**全套卡片共 250 張**）

奇蹟課程導讀與教學系列

《奇蹟課程》雖是一部自修性的課程，只因它的理論架構博大精深，讀者常易斷章取義而錯失精髓，故奇蹟資訊中心陸續推出若水的導讀系列、米勒導讀，以及一階理論基礎及二階自我療癒DVD、其他演講錄音或錄影教材，幫助讀者逐漸深入這部自成一家之言的思想體系。

若水導讀系列

（一）《創造奇蹟的課程》（**全書 272 頁**）
（二）《生命的另類對話》（**全書 272 頁**）
（三）《從佛陀到耶穌》（**全書 224 頁**）

若水在這三冊中，解說《奇蹟課程》的來龍去脈與理論架構，透過問答的形式，說明崇高的寬恕理念如何落實於生活中；最後透過《奇蹟課程》的理念，闡釋佛陀和耶穌這兩位東西方信仰系統的象徵，在實相裡並無境界之別，而只有人心的「小我分裂」與「大我一體」的天壤之隔。

米勒導讀
《奇蹟半生緣》

一位慧心獨具卻不得志的記者，三十多歲便受盡「慢性疲勞症候群」的折磨，群醫束手無策，他在走投無路之下，不禁自問：「究竟是誰把我這一生搞得這麼慘？」

《奇蹟課程》讓他看到，自己竟是一切問題的始作俑者。他對這一答覆百般抗拒，直到有位心理治療師對他說：「恭喜你！你若讀得下這本書，大概就不需要心理治療了！」

《奇蹟半生緣》全書穿插作者派屈克・米勒浮沉人生苦海的經歷，但他並不因此獨尊自身的經驗和詮釋，而以記者客觀實証的精神，遍訪散居全美各地的奇蹟講師與學員，甚至傾聽圈外人的質疑。本書可說是一部美國奇蹟團體的成長紀實。（**全書 319 頁**）

教學研習 DVD（一、二階）
一階理論基礎班

《奇蹟課程》的博大精深，常讓讀者不得其門而入，有鑒於此，若水以三日研習的

形式，系統化且階段式地解說整部課程的思想架構，將寬恕理念落實於現實生活。本套DVD為2005年在台北舉辦的「第一階理論基礎班」的現場錄影精心剪輯而成，共八講八個小時的教學DVD，並附上講義及MP3光碟，中文字幕並具簡繁兩體。

二階自我療癒班

　　本套DVD取自2006年若水在台北舉辦的「自我療癒班」現場錄影精心剪輯而成，若水以《奇蹟課程》為經，以你我個人的生活經歷為緯，佐以電影《魔戒三部曲》的比喻解說，透過天人關係的宏觀視野與潛意識的微觀徹照，切入錯綜複雜的人際關係，徹底清理人類作繭自縛的心障。

奇蹟課程其他有聲教學教材

　　奇蹟資訊中心歷年發行《奇蹟課程》譯者若水的演講錄音或錄影光碟，將《奇蹟課程》的抽象理念與現實生活銜接起來，幫助讀者了解《奇蹟課程》的精髓所在，是奇蹟學員不可或缺的有聲輔讀教材，由於教材內容每年不盡相同，欲知詳情，請上網查詢。
www.acimtaiwan.info 奇蹟課程中文網站
www.qikc.org 奇蹟課程中文部簡体網

肯恩實修系列

《奇蹟原則50》

　　許多讀者久仰《奇蹟課程》之盛名，興沖沖地讀完短短的導言後，就怔忡在一條一條有如天書的「奇蹟原則」之前。讀了後句忘前句，「奇蹟」的概念好似漂浮在字裡行間，始終無法在腦海中落腳，以至於閱讀了一兩頁之後便後繼無力，難以終篇，竟至棄書而逃。

　　「奇蹟原則」前後五十條，其實是整部課程的濃縮，若無明師指點，讀者通常都不得其門而入。於今多虧奇蹟泰斗肯尼斯旁徵博引，以深入淺出而又幽默的答問形式，將寬恕與奇蹟的精神落實於生活中，為初學者乃至資深學員提供了一個實修的指標。（全書209頁）

《終結對愛的抗拒》

　　追尋心靈成長的人，學到某個階段往往面臨一個瓶頸：儘管修習多年，一遇到某種挑戰，就不自覺地掉回原地，因而自責不已。問題到底出在哪裡？

　　佛洛依德在他的臨床經驗中，驚異地發現，病人的潛意識中有「拒絕療癒」的本能，肯尼斯根據《奇蹟課程》的觀點，犀利地剖析人們「拒絕療癒或轉變」的原因，又仁慈地為讀者指出穿越小我迷霧的關鍵，由停滯不前的窘境中突圍。對於追尋心靈成長和平安的人而言，本書不但有提點指授的功效，更有當頭棒喝的力道。（全書109頁）

《親子關係》

　　坊間論及親子問題的書籍可謂汗牛充棟，泰半繞在親子關係複雜且微妙的糾結情懷，唯獨肯尼斯‧霍布尼克不受表象所惑，借用《奇蹟課程》的透視鏡，澈照出親子之間愛恨交織的真正關鍵。

　　本書表面上好似在答覆「如何教養子女」、「如何對待成年子女」以及「如何照顧年邁雙親」等具體問題，它其實是為每一個人點出我們在由「身為兒女」，到「照顧兒女」，繼而「照顧雙親」的艱苦過程，以及我們轉變知見時必然經歷的脫胎換骨之痛。（全書238頁）

《性‧金錢‧暴食症》

　　在紛紜萬象的世界裡，性、金錢與食物可說是人生問題的「重頭戲」，最易牽動小我的防衛機制，故也最具爭議性。作者肯恩沿用《奇蹟課程》中「形式與內涵」的層次觀念，針對性、金錢等等所引發的光怪陸離現象（形式），揭露它們背後一貫的目的（內涵）──小我企圖藉無止盡的生理需求，抹滅心靈的存在，加深孤立、匱乏、分裂等受害感，最後連吃飯、賺錢與性交都可能變成一種攻擊的武器。

　　肯恩與學員的趣味問答，反映出我們日常是如何受制於這些生理需求的；然而，我們也能藉聖靈之助，將現實挑戰化為人生教室，將小我怨天尤人的陰謀，轉為寬恕與結合的工具。（全書196頁）

《仁慈──療癒的力量》

　　這是一部針對奇蹟教師及資深奇蹟學員的實修指南。全書分上下兩篇，上篇列舉

奇蹟學員常有的現象，例如以奇蹟之名攻擊他人，或以善意為由掩蓋自己批判的心態；下篇探討如何用仁慈的眼光來看待自己與他人的缺陷，教我們將自身的限制或缺陷轉為此生的「特殊任務」，在人間活出寬恕的見證，成為聖靈推恩的管道。（全書251頁）

《逃避真愛》

本書是針對道理全懂卻難以突破的資深學員而寫的，它一針見血地指出，綑綁我們修行腳步的，不是世界的黑暗，也非人間的牽絆，而是自己打造出來的一道心牆。

只因我們深怕真愛會消融了自己的特殊性，故把心靈最深的渴望隱藏到心牆之後，與之「解離」，在人間展開一場虛虛實實又自相矛盾的追尋。一邊痛恨小我的束縛，一邊又忙著為小我說項；以至於內心有一部分奮力向前，另一部分則寧可原地觀望。藉著裝傻、扭曲、辯駁，把回歸真愛的單純選擇渲染成複雜又艱深的學問。

《逃避真愛》溫柔地解除了人心無需有的恐懼，讓我們明白心牆的「不必要」，陪伴我們無咎無懼地跨越過去。（全書156頁）

其他出版品

《寬恕十二招》

《寬恕十二招》的作者保羅·費里尼，有鑒於人們的想法和情緒反應模式，早已定型僵化，成了一種「癮」，不是一朝一夕可以化解得掉的。因此，他將《奇蹟課程》的寬恕理念，分解為十二步驟，一步一步地引導我們超越自卑、自責以及過去的創痛，透過自我寬恕而領受天地的大愛。這是所有準備好負起自我治癒之責的人必讀的靈修教材，也是曠世靈修經典《奇蹟課程》的輔讀書籍。（全書110頁）

《無條件的愛》

作者保羅·費里尼繼《寬恕十二招》之後，另以老莊的散文筆法，細細描述我們每一個人心中都擁有的「無條件的愛」。他由大我的心境出發，以第一人稱的對話方式，直接與讀者進行心與心的交流，喚醒我們心中沉睡已久的愛，開啟那已被遺忘的智慧。此書充滿了「醒人」的能量，是陪伴你走過人生挑戰的最好伙伴。（全書215頁）

《告別娑婆》

宇宙從哪兒來的？目的何在？我究竟是什麼？為什麼會在這裡？我要往哪裡去？我該怎麼活在這個世界裡？當你讀完本書，會有一種「千年暗室，一燈即亮」的領悟。

全書以睿智而風趣的對話談當今世局、原子彈爆炸，一直說到真愛、疾病、電視新聞、性問題與股價指數等等，讓我們對複雜詭異的人生百態，頓時生出「原來如此」的會心一笑。它說的雖全是真理，讀起來卻像讀小說一樣精彩有趣，難怪一問世便成了西方出版界的新寵。（全書513頁）

《一念之轉》

作者拜倫·凱蒂曾受十餘年的憂鬱症所苦，一天早上，她突然覺悟了痛苦是如何形成又如何結束的。由此經驗中，她發明了四句問話的「轉念作業」（The Work），引導你由作繭自縛中徹底脫身，是一本足以扭轉你人生的好書。（全書448頁，附贈轉念作業個案VCD）

《斷輪迴》　阿頓與白莎回來了！

繼《告別娑婆》走紅之後，葛瑞的生活形態發生重大的轉變，也面臨了更多的挑戰。葛瑞仍是口無遮攔地談八卦、論是非、臧否名流，阿頓和白莎兩位上師在笑談棒喝中，繼續指點葛瑞如何在現實挑戰下發揮真寬恕的化解（undo）功能，徹底瓦解我執，切斷輪迴之根。（全書304頁）

《人生畢業禮》

本書是保羅與Raj在1991年的對話記錄。對話日期雖有先後，內涵卻處處處玄機，不論由哪一篇起讀，都會將你導入人類意識覺醒的洪流。

Raj借用保羅的處境，提醒所有在人間孤軍奮鬥的人，唯有放下自己打造的防衛措施，才可能在自己的心靈內找到那位愛的導師。也唯有從這個核心出發，我們才會與所有弟兄相通，悟出我們其實是一個生命。（全書288頁）

《療癒之鄉》

《療癒之鄉》中文版由美國「獅子心基金會」委託台灣「奇蹟資訊中心」出版。

作者羅賓‧葛薩姜把《奇蹟課程》深奧又慈悲的教誨化為一套具體的情緒啟蒙和心靈復健課程，協助犯罪和毒癮的獄友破除心理障礙，學習處理人與人之間的衝突，調整情緒，建立自信，切斷「憤怒→攻擊→憤怒」的惡性循環。《療癒之鄉》陪伴無數受刑人度過獄中歲月。

《療癒之鄉》也是為所有困在自己心牢裡的讀者而寫的。世間幾乎沒有一人不曾經歷童年的創傷、外境的壓迫，以及為了生存而形成種種不健康的自衛模式。獄友的心路歷程給予我們極大的啟發，鼓舞我們步上心靈療癒之路。（全書 440 頁）

《我要活下去》

這本書不只是一本鼓舞信心的療癒指南，還是一個女人把自己從鬼門關前拉回來的真實故事。

作者朱蒂‧艾倫博士（Judy Edwards Allen, Ph.D.）原本是成功的專業顧問、大學教授、大學教科書作者，四十歲那年獲知罹患乳癌的「噩耗」，反而成為她生命的轉捩點，以清晰、熱情的文筆，記錄了她奮力將原始的求生意念成功地轉化為「康復五部曲」的歷程。讀者會看到她如何軟硬兼施地與醫生打交道，如何背水一戰克服無助感，又如何透過寬恕，喚醒內心沉睡已久的愛與生命力。最後，她終於超越自己對生死的執著，在這一場疾病與療癒的拔河大賽中，獲得了靈性的凱旋。（全書 280 頁）

《時間大幻劇》

人們對於時間，存在著種種截然不同的看法，比如：時間是良藥，可以癒合一切創傷；善惡終有報，只等時候到；時間是無情的殺手，終將剝奪我們的一切……。人類早已視時間的存在為天經地義，戰戰兢兢地活在過去的懊悔、現在的焦慮和對未來的恐懼中。我們好似活在一座無形的牢籠裡，苟延殘喘，等待大限的到來。

《奇蹟課程》的泰斗肯恩博士曾說：「不了解時間，不可能讀懂《奇蹟課程》的。」他引經據典，將散落全書有關時間的解說，梳理出一個完整的思想座標，猶如點睛之龍，又如劃破文字叢林的一道靈光，讓我們一窺《奇蹟課程》的究竟堂奧（究竟義）。此書可說是肯恩留給奇蹟資深學員最珍貴的禮物。（全書413頁）

《奇蹟課程誕生》

《奇蹟課程》的來歷究竟有何玄虛？為什麼它選擇經由海倫‧舒曼博士來到人間？它的記錄方式及成書過程，與它傳給人類的訊息有何內在關係？有幸親炙此書的我們，又該如何延續奇蹟精神的傳承？

不論你只是好奇《奇蹟課程》的精采傳奇，還是有心以「史」為鑒，窮究奇蹟的傳承精神，本書都提供了最可靠的第一手資料。作者因與茱麗、海倫與比爾等人交往密切，故受這些開山元老之託，冷靜而客觀地梳理《奇蹟課程》的記錄及成書經過，佐以三位奇蹟元老的親筆自白，融鑄成一部信實可徵的《奇蹟課程》誕生史，帶領讀者重新走過五十年前那段精采神奇的心靈歷程。（全書195頁）

奇蹟課程誕生
Journey Without Distance

作　　者：羅勃・史考屈（Robert Skutch）
譯　　者：王詩萌　若　水
責任編輯：李安生
校　　對：王詩萌　李安生　黃真真　吳曼慈
封面設計：蘇荷美術
封面畫作提供：蘇荷兒童美術館・陳昱禎
美術編輯：陳瑜安工作室
出　　版：奇蹟資訊中心・奇蹟課程有限公司
　　　　　桃園市光興里縣府路 76-1 號
聯絡電話：04-2536-4991
劃撥訂購：帳號 19362531　戶名　劉巧玲
網　　址：www.acimtaiwan.info
電子信箱：acimtaiwan@gmail.com

印　　刷：世和印製企業 (02) 2223-3866
經銷代理：聯合發行公司
　　　　　電話 (02) 2917-8022 # 162
　　　　　　　 (03) 212-8000 # 335

定　　價：新台幣 250 元
2015 年 8 月初版

ISBN　978-986-88467-7-7

國家圖書館出版品預行編目資料

奇蹟課程誕生／羅勃‧史考屈（Robert Skutch）著；王詩
萌、若水合譯. -- 初版. -- 桃園市：奇蹟資訊中心，奇蹟課
程，民104.7
　　　面；　公分
　　　譯自：Journey Without Distance：the story behind A
　　　　　　course in miracles

　ISBN 978-986-88467-7-7（平裝）

　1. 靈修　2. 自我肯定

192.1　　　　　　　　　　　　　　　　　　104013969